Um funcionário da monarquia

●◗--

Antonio Candido

Um funcionário da monarquia

Ensaio sobre o segundo escalão

todavia

À memória de Lúcia Miguel Pereira,
com quem planejei, no decênio de 1950,
escrever em colaboração uma biografia
do conselheiro Tolentino.

*[...] no Brasil, o prestígio pessoal costumava prender-se
antes à capacidade de acesso a altos cargos públicos,
originada principalmente no grau de relação
com os senhores da situação.*

Sérgio Buarque de Holanda

Prefácio **11**

I. Os funcionários **13**
II. Construir uma carreira **17**
III. Missão no Uruguai **25**
IV. Vice-presidente em exercício **31**
V. O funcionário presidente **35**
VI. O conflito com a Assembleia **45**
VII. "No quartel de Abrantes, tudo como dantes" **55**
VIII. Dissabores no "oitavo ministério" **61**
IX. A sindicância **69**
X. Ostracismo e retorno **81**
XI. A fase final **91**
XII. Em família **97**
XIII. Balanço **105**

Complemento
Entrevista com o autor **109**
Apêndice I
O presidente do Rio de Janeiro **117**
Apêndice II
A guerra das cartas **125**
Apêndice III
História de uma patifaria **141**

Prefácio

Este ensaio foi terminado em 1985, depois de um preparo vagaroso e espaçado que durou dez anos. Mas não pensei em publicá-lo, porque faltava muita coisa para ser uma biografia completa do conselheiro Tolentino, inclusive o miúdo da sua carreira de mais de trinta anos no Tesouro Nacional e sua atuação como um dos fundadores e por treze anos presidente da Caixa Econômica, sem falar na Academia de Belas Artes, que dirigiu também durante treze anos. Por isso fiz uma tiragem privada de 35 exemplares mimeografados, que distribuí a descendentes dele e a alguns amigos. Aconteceu que um desses amigos, o saudoso Alexandre Eulálio, achando com certeza que era útil para esclarecer certos aspectos do Brasil imperial, de que era notável conhecedor, tomou a iniciativa de encaminhá-lo por sua conta à revista *Portuguese Studies*, do Departamento de Português do King's College, de Londres, em cujo volume 4, de 1988, ele apareceu, para surpresa minha, traduzido para o inglês por David H. Treece. Já dizia Terenciano Mauro que os livros têm o seu fadário...

No entanto, pensando bem, o interesse eventual deste ensaio não depende do fato de ser mais ou menos completo como história de uma vida; depende do caráter exemplar que ela possa ter para o conhecimento de um tipo social do Brasil monárquico: o self-made man que consegue situar-se bem na classe média em formação. Por isso, concluí que os aspectos escolhidos talvez fossem suficientes e mais expressivos do que um levantamento exaustivo da rotina burocrática e administrativa, tarefa que seria, aliás, pesada demais para um simples amador. Os momentos que destaquei possuem não apenas cunho dramático, mas permitem sublinhar aspectos profundos da sociedade brasileira daquele tempo.

Além disso, reforçam um dos pressupostos do meu intuito: sugerir como, numa sociedade de favor, a competência profissional podia granjear a estima dos líderes, mas também levar a conflitos com a engrenagem do patronato, essencial para a atuação desses líderes. No caso do conselheiro Tolentino, a sólida qualificação pessoal permitiu-lhe projetar-se para fora do limite apertado das repartições, sem perder contudo a qualidade de funcionário. Já os políticos tendiam geralmente a usar os cargos que ocupavam no funcionalismo como encosto secundário, a partir dos quais se lançavam às aventuras do poder.

Isso posto, quando a Editora Ouro sobre Azul se interessou pelo meu texto, concordei em publicá-lo, acrescentando algumas páginas e notas, além de documentos.

A redação deste ensaio foi feita aos poucos, em São Paulo e em Poços de Caldas, mas a investigação intermitente deu-se toda no Rio de Janeiro, entre 1975 e 1985, começando pelo Arquivo Nacional e prosseguindo em outras instituições: Biblioteca Nacional, Instituto Histórico e Geográfico Brasileiro, Real Gabinete Português de Leitura, Biblioteca da Caixa Econômica Federal, Biblioteca do Itamarati.

O leitor verá que fui mencionando nas notas os auxílios que recebi; mas aqui devo destacar dois de relevo especial: o de uma funcionária do Arquivo Nacional, cujo nome infelizmente perdi, que em 1975 me abriu com eficiência e boa vontade os caminhos da pesquisa; e o de d. Mauriceia Silva d'Araújo, bibliotecária da Caixa Econômica Federal do Rio de Janeiro, que me forneceu com solicitude dados preciosos no decênio de 1980.

Antonio Candido de Mello e Souza
São Paulo, janeiro de 2007

I.
Os funcionários

Num país como o Brasil do século XIX, ser funcionário público era estar perto dos "donos do poder". Era ser um pouco dono do poder, de maneira crescente à medida que se dava a subida na escala — tudo de um modo mais distintivo do que hoje. Hoje o funcionário talvez domine melhor os canais de transmissão do comando; mas de maneira impessoal. Solto na massa da sociedade urbanizada e racionalizada, é alguém meio perdido que não se vê apontado, que não destaca no panorama. É mais preparado, tende a ser um técnico, mas vale menos diante da burguesia mais rica, mais vasta, mais aninhada nas vantagens e benefícios do conforto que se compra.

Dantes, a classe do meio era rala e composta em boa parte pelos próprios funcionários, cujos cargos, dos poucos regularmente pagos, permitiam situar o indivíduo num quadro definido da hierarquia social. Quando se pensa que as oligarquias dos municípios, por exemplo, brigavam até à morte para disporem de lugares como agente do correio, fiscal, professor primário, coletor, oficial de justiça, escrivão; quando se pensa que as oligarquias provinciais e depois estaduais reservavam ciosamente para si a indicação do pessoal das repartições e de lugares como delegado, coletor provincial ou geral; quando se pensa nisso é que se vê até que ponto a vida da nação girava em boa parte à volta do ser ou não ser funcionário.

Ser funcionário era, como se dizia, "ter uma posta", um lugar que dava renda, garantia, prestígio e posição. De cargo em cargo os funcionários iam-se escalonando até perto do governo do país. Na esfera municipal, lá vão os mais modestos com a barba por fazer, quem sabe sem gravata e arrastando os chinelos; nas capitais de província, eis os chefes de secretaria, encasacados, solenes, fita de condecoração na lapela, cumprimentando com gravidade e recebendo vênias; afinal, na Corte, os do ápice, grisalhos, melhorando a situação financeira com os acúmulos de função ou as boas comissões, promovidos de oficiais a comendadores e dignitários, transitando da Ordem da Rosa ou da de Cristo para a do Cruzeiro, juntando ao nome o título de conselheiro, e até de barão, esteios da Monarquia. Ser funcionário era entrar para essa cadeia da felicidade, que no final podia situar os de maior êxito ao lado dos fazendeiros e comerciantes prósperos, acima dos sitiantes, caixeiros, artesãos, agregados, para não falar nos escravos.

Mas ser funcionário dependia de muita coisa. Dos favores, dos protetores, do parentesco e até da habilitação. Quando não havia família, nem padrinhos, nem dinheiro, nem diplomas, — o que fazer? Seria de interesse para os historiadores avaliar qual era a proporção do esforço pessoal e do mérito inicialmente desajudado, assim como da competência lentamente adquirida, numa sociedade de prebenda e mercê, onde no fundo trabalhar era feio, o funcionário parecia não trabalhar e frequentemente não trabalhava mesmo. Ignoro se há estudos deste tipo. Mas gostaria de fornecer alguns dados sobre um burocrata imperial que saiu do nada e chegou a posições elevadas, capitalizando o esforço para conquistar apoios e praticamente reivindicando as vantagens com base no mérito. Não pretendo forçar generalizações, mas apenas contribuir para caracterizar um tipo social daquele tempo: o do alto funcionário que extravasa da burocracia sem todavia chegar às lideranças. Por tabela, esta crônica de fatos talvez sirva para sugerir um dos modos pelos quais se configurou o comportamento burguês no Brasil moderno, a partir do recrutamento de pessoas das camadas modestas que, à medida que iam recebendo as vantagens da ascensão, assimilavam os interesses, o ideário e o modo de viver das camadas dominantes, perdendo qualquer veleidade potencial (estruturalmente viável) de se tornarem antagônicas a elas. Finalmente, a história de funcionários deste tipo pode ajudar a esclarecer um aspecto pouco conhecido da vida política e administrativa do Império: a relação entre o primeiro escalão, iluminado pelos faróis da história, e o segundo, geralmente perdido para a memória da posteridade.

Abreviações usadas neste trabalho:

AN Arquivo Nacional
IH Instituto Histórico e Geográfico Brasileiro
JC *Jornal do Commercio*
Ms. Manuscrito
Doc. Documento

II.
Construir uma carreira

Antônio Nicolau Tolentino, filho de Francisco José Tolentino e Ana Maria do Amor Divino, nasceu no dia 10 de setembro de 1810 na zona rural do lugarejo de São Gonçalo, perto do Arraial da Praia Grande, que poucos anos depois se tornou a Vila Real do mesmo nome e, em seguida, cidade de Niterói. Seus pais eram lavradores modestos e ele foi criado por uma tia solteira, Maria Benedita, o que levou muita gente a dizer que era ela a sua verdadeira mãe, o que é possível.[1]

Sabe-se pouco sobre o começo da sua vida, além de alguns dados esparsos, por exemplo, que estudou na Aula de Comércio do Rio de Janeiro, pois em 3 de março de 1823, aos doze anos, matriculou-se no primeiro ano do quinto curso.[2] Num ofício de 1858 ao marquês de Olinda, ministro do Império e presidente do Conselho, alegava servir ao Estado fazia 34 anos, isto é, desde 1824.[3] Em 1862, em comunicado à imprensa durante a questão que o opôs violentamente a Ângelo Muniz da Silva Ferraz, aludia aos seus "34 anos de vida pública", o que remete a 1825 (ver Apêndice II).

---

1 Filiação em Luís Lacombe, *Os chefes do Executivo fluminense*. Petrópolis: Museu Imperial, 1973, pp. 26-27 (agradeço a Alexandre Eulálio a comunicação deste livro). Outros dados por informações de descendentes.
2 Doc. AN: comunicado por Frederico Grinberg Júnior, a quem agradeço.
3 AN: *Presidentes do Rio de Janeiro. Correspondência com o ministro do Império*, v. VI (1857-1859), ofício de 24 de agosto de 1858.

Mas estas informações não coincidem exatamente com o primeiro documento conhecido sobre a sua vida funcional: um requerimento de fevereiro de 1826 pedindo para ser admitido como praticante não remunerado na Mesa de Consciência e Ordem. Se foi nomeado, como deve ter sido, parece que o começo da sua carreira no funcionalismo foi posterior de um ou dois anos ao que indicam aquelas informações.

Na sua família há uma tradição arraigada, segundo a qual, varrendo ainda mocinho a sala de uma repartição, costumava dizer, apontando a cadeira do chefe: "Ali é o meu lugar, é para ali que eu vou".

Apesar do toque romanesco, esta história deve ser verdadeira, não só porque vem do tempo de Tolentino, mas é das tais que as famílias não costumam inventar, pois expõem a condição humilde do antepassado. Ela pode referir-se aos seus inícios na Mesa de Consciência e Ordem, sugerindo que antes de ser nomeado praticante exercia tarefas de contínuo ou servente, o que explicaria as datas que apontou como do começo do seu serviço público. Seja como for, a historieta exprime bem a ambição e a vontade de subir que marcaram desde cedo a sua vida.

O requerimento citado é o seguinte:

Senhor:

Diz Antônio Nicolau Tolentino que achando-se com conhecimentos necessários, e até corrente nas línguas francesa e inglesa, como se vê nos documentos insertos, para servir em qualquer emprego; e porque na Secretaria da Mesa de Consciência e Ordem, roda com imenso trabalho, e talvez precise de maior número de empregados para melhor expediente daquela Repartição, e visto não se dever alterar a ordem à lei estabelecida, se oferece o Suplicante a servir sem estipêndio algum, até poder entrar de efetivo na primeira vaga que houver, fazendo-se o Suplicante, então necessário não só pela sua aptidão, como em conduta, o que a tudo se submete, e por isso recorre a V.M.I. Haja por bem Mandar que a referida Mesa Consulte sobre a exposição do Suplicante a fim de V.M.I. resolver o que for do Seu Imperial Agrado.

Para V.M.I. se Digne deferir ao Suplicante como implora.

E.R.M.

Antônio Nicolau Tolentino.

O requerimento teve curso normal, recebeu pareceres e informações, tendo a Mesa dito que de fato havia falta de pessoal, mas a eventual admissão do requerente não deveria prejudicar os funcionários gratuitos que já estavam à espera de vaga para efetivação, inclusive "o praticante Bernardino de Sena Chaves, que conta cinco anos de exercício".[4]

Como se vê na mesma série de documentos, em outubro de 1827 Tolentino, já com dezessete anos, solicitou devolução dos papéis apresentados, o que se fez em obediência a despacho de 31 daquele mês, tendo ele passado recibo em 7 de novembro. Teria sido atendido? Teria começado a carreira regular na Mesa antes de passar ao Tesouro? O fato é que não há dados que permitam saber como foi a sua vida entre o requerimento de 1826 e o ano de 1837, quando o encontramos como segundo escriturário da Contadoria Geral do Tesouro Nacional, morador no número 100 da rua do Cano, atual Sete de Setembro.[5] Foi quando, no dia 27 de outubro, lavrou o documento em que o Tesouro

---

4 AN: *Desembargo do Paço, Serventias de Ofício*, Caixa 308, Doc. 11. A data do requerimento está numa apostila à margem: 22 de fevereiro de 1826. (E.R.M. é sigla de Espera Receber Mercê.) **5** Os dados pessoais, familiares e de carreira não justificados em nota são devidos a: (a) *Inventário e testamento do conselheiro Antonio Nicolau Tolentino*, Ms. AN; (b) *Almanack do Império brasileiro para o ano de 1837*; (c) *Almanack Laemmert*, de 1844 a 1888; (d) informações de descendentes.

deu afinal quitação ao marquês de Barbacena das tão discutidas contas de suas missões no exterior.[6]

Como terá sido a sua vida nesses anos decisivos, passagem da adolescência à idade viril? Vimos que, bem cedo, sabia duas línguas estrangeiras e, portanto, achara meios de se instruir, menino pobre, naquele Rio de Janeiro atrasado. Diziam mais tarde os que o conheceram de perto que foi sempre cortês e prestativo, além de muito aplicado ao trabalho e à leitura. Chegou a formar uma boa biblioteca e, a partir dos anos de 1840, o seu nome é encontradiço nas listas de subscritores de diversas obras, que se publicavam por esse meio no Brasil de recursos editoriais quase nulos.

Quando começamos a ter dados mais seguidos sobre a sua carreira, o ano de 1837, como vimos, morava com a tia (mãe?) e a irmã Benvinda, que viria a ser avó da escultora Nicolina Vaz. Mantinha também uma relação amorosa com certa chapeleira italiana, "mulher honesta, e por mim teúda e manteúda", dirá quase meio século depois no testamento, com a qual teve duas filhas, Adelaide em 1837, Josefina em 1839, reconhecendo-as no assento de batismo e em seguida por escritura pública.

Em 1842 a Revolução Liberal repercutiu no Rio, formando-se um Batalhão de Voluntários Imperiais. Os funcionários se alistaram, organizaram-se as companhias e sua oficialidade: um capitão, dois tenentes e dois alferes para cada uma. Tolentino, já primeiro escriturário, foi alferes da quinta e integrou o esforço bélico, no caso incruento, dos burocratas armados para defender o governo.[7]

Em 1843 foi promovido a oficial-maior e condecorado no grau de cavaleiro com a Ordem de Cristo. Já devia ter prestígio de bom funcionário, a julgar não apenas pela promoção rápida, mas

---

6 Antônio Augusto de Aguiar, *Vida do marquês de Barbacena*. Rio de Janeiro: Imprensa Nacional, 1896, p. 952.   7 Ms. AN: Documentos sem classificação, Maço 89, Decreto de 9 de julho de 1842.

porque em 1845 foi nomeado pelo ministro da Fazenda Manuel Alves Branco inspetor interino da Alfândega do Rio de Janeiro, durante o afastamento de Saturnino de Sousa e Oliveira,[8] e recebeu nova condecoração, a Ordem da Rosa, no grau de oficial. Saturnino, político de algum relevo, que fora presidente do Rio Grande do Sul e seria dali a dois anos ministro de Estrangeiros, era irmão do poderoso "chefe da facção áulica", Aureliano de Sousa e Oliveira Coutinho. Sentindo-se talvez seguro por esse parentesco, escreveu em 1843 artigos contra o governo, chefiado por Honório Hermeto Carneiro Leão. Estomagado, este pediu a demissão de Saturnino, que o jovem imperador negou, certamente influenciado por seu mentor Aureliano. Em consequência, Honório Hermeto demitiu-se em dezembro e o novo ministério foi organizado por Alves Branco em fevereiro de 1844.[9] Em 1845 este nomeou Tolentino, e como na qualidade de ministro da Fazenda tinha estabelecido no ano anterior a famosa tarifa protecionista, que suprimiu o livre comércio, estabelecido em 1808 formalmente e, de fato, em 1828, por Bernardo Pereira de Vasconcelos,[10] a Alfândega adquiriu uma importância-chave devido ao aumento considerável de renda, tornando-se o cargo de inspetor um dos principais da burocracia imperial. A escolha de Tolentino, justamente nessa conjuntura, parece um galardão.

(Depois dele o cargo seria exercido, de 1848 a 1853, por um político de primeiro plano, Ângelo Muniz da Silva Ferraz, administrador competente e enérgico, dotado de rara capacidade de trabalho e uma espécie de aptidão universal. Ferraz

---

8 Conselheiro Antônio Nicolau Tolentino, *Exposição acerca da Comissão de Inquérito da Alfândega da Corte e observações sobre regulamento de 19 de setembro de 1860*. Rio de Janeiro: Imprensa Nacional, 1863, p. 393. **9** Teófilo Benedito Ottoni, "Circular dedicada aos senhores eleitores de senadores pela Província de Minas Gerais" etc. *Revista IHGB*, Rio de Janeiro, v. 132, t. II, n. 78, 1915, pp. 329-330 ss. **10** Oliveira Lima, *O Império brasileiro*. São Paulo: Melhoramentos, 1927, p. 200.

não queria aceitar a tarefa, devido à má fama que cercava a administração da Alfândega, mas nos cinco anos em que a dirigiu, reformou-a com mão forte e "conseguiu que [...] dobrasse a renda, no meio das mais violentas lutas, da malversação, dos ressentimentos e dos interesses ilegítimos", como se lê na obra de Sisson.[11] Veremos que no decênio de 1860 ele e Tolentino teriam um pega rumoroso.)

Essa ascensão quase brilhante possibilitava a Tolentino a passagem definitiva de categoria social, a instalação nas camadas mais altas, que requeria o apagamento das marcas iniciais. Convinha pôr ordem na vida e podar os galhos suspeitos, enquadrando a conduta nos padrões mais exigentes da lei e da moral, para fazer jus à respeitabilidade que reforça a estima dos Poderes. Era necessário, para isso, ter família legalizada, que permitisse efetuar o trânsito normal dentro das esferas para as quais estava entrando.

Não se tratava, é claro, de casar com a companheira, que era muito bonita; poderia ser romântico e nobre, mas não era prático. Ele tinha 34 anos, precisava liquidar a "mancebia" e arranjar noiva conforme os bons padrões. Com a impiedade frequente em tais casos, deu então um jeito de descartar a mãe das filhas e ficar com estas. E encontrou uma noiva de 22 anos (portanto, já "passando", conforme os padrões do tempo), sem beleza, mas de família sólida e bens apreciáveis.

Era filha de um fazendeiro de Inhaúma, que possuía também muitas terras na Barra da Tijuca (lugares hoje dentro da cidade do Rio de Janeiro), chamado José Botelho de Araújo Carvalho, de uma gente que deu militares e juristas, como o chefe

---

11 S. A. Sisson, *Galeria dos brasileiros ilustres*. 2 v. Rio de Janeiro: S. A. Sisson, 1859, v. II, p. 86. O autor do verbete deste livro sobre Ferraz foi Antônio Francisco de Paula Sousa, segundo Tancredo de Barros Paiva, *Dicionário de pseudônimos*, citado por Raimundo de Meneses, *Dicionário literário brasileiro*. 2. ed. Rio de Janeiro; São Paulo: LTC, 1978, p. 647.

do Corpo de Engenheiros na primeira fase da Guerra do Paraguai, tenente-coronel José Carlos de Carvalho, que fortificou a ilha de Cabrita e morreu pouco depois; ou seu irmão, almirante Delfim Carlos de Carvalho, que ultrapassou Humaitá e foi por isso feito barão com grandeza da Passagem; na geração seguinte, o conselheiro Carlos Leôncio de Carvalho, reformador da instrução, ministro, lente da Academia de São Paulo; o conselheiro Carlos Augusto de Carvalho, jurisconsulto eminente, duas vezes presidente de província, ministro do Exterior de dois governos no começo da República; o almirante José Carlos de Carvalho, seu irmão, combatente no Paraguai, que mais tarde trouxe o meteorito do Bendengó e teve no fim da vida uma atuação limpa e corajosa na sinistra liquidação da revolta da Armada de 1910 (sem contar que foi o segundo marido de uma das beldades que inspiraram a "Hebreia" de Castro Alves). A noiva se aparentava ainda com alguns dos maiores fazendeiros de café da Província, por suas primas viscondessa de Cananeia e baronesa de Massambará.

Era o que faltava a Tolentino: família, relações de parentesco que pudessem fundear no decoro burguês um funcionário cujo calado ia aumentando, e aumentou mais com os bens da noiva, que, sendo órfã de mãe desde os doze anos, tinha a vantagem de trazer com o dote a legítima respectiva. Ele era praticamente nada sob todos esses aspectos, mas punha no seu prato da balança a posição de funcionário bem comissionado, elogiado, condecorado, pronto para chegar mais perto do poder. "*Umile, sì, ma pubblico funzionario*" — como em *Pensaci, Giacomino!* de Pirandello. Em 26 de junho de 1845 casou com Mariana Siqueira Botelho de Araújo Carvalho, nascida em 1823, continuando a morar no número 10 da rua Direita, atual Primeiro de Março.

No mês de junho do ano seguinte, 1846, nasceu o primeiro filho, que recebeu o seu nome, e ele sofreu a demissão inesperada do cargo de inspetor interino da Alfândega, por ato do novo ministro da Fazenda, Antônio Francisco de Paula e Holanda Cavalcanti de Albuquerque. Guardou como consolo uma manifestação assinada por numerosos comerciantes do Rio, na maioria ingleses, louvando não apenas a sua eficiência e probidade, mas um traço que seria sempre evocado em relação a ele, nas mais diversas circunstâncias: a grande boa vontade e cortesia, "qualidades que sendo em todos apreciáveis, desgraçadamente nem em todos se encontram". (Transcrita na *Exposição* etc., op. cit., pp. 393 e 395-396.)

Em 1850 o Tesouro, que tinha então cerca de duzentos funcionários, sofreu uma reforma profunda e racionalizadora, sob a responsabilidade do ministro da Fazenda Joaquim José Rodrigues Torres. Saltando a nova categoria de chefe de seção, Tolentino foi nomeado para dirigir a Segunda Contadoria da Diretoria-Geral de Contabilidade, com o posto de contador, ou contador-chefe, penúltimo da carreira. Morava então na rua do Catete, 102, mas logo mudou para o número 116 da Praia de Botafogo, onde em abril de 1851 nasceu o seu último filho, José, que seria médico e lhe daria todas as satisfações.

Em 31 de agosto de 1852 o casal participou de um acontecimento social que fez época, mostrando a importância de ser bem-casado: o baile excepcionalmente pomposo que o imperador ofereceu ao Corpo Legislativo no Palácio da Cidade, "para o qual foram convidadas as pessoas das classes mais elevadas da sociedade fluminense". O *Correio Mercantil* de 12 de setembro publicou uma descrição das toaletes femininas, referindo as respectivas modistas, e nela se lê que a "Senhora do Sr. Tolentino" trazia um "vestido de damasco azul guarnecido de *blonde* e *marabouts*", feito por Madame Gudin, modista de Suas Altezas Imperiais.[12]

---

12 Francisco Marques dos Santos, "A sociedade fluminense em 1852". *Estudos Brasileiros*, Rio de Janeiro, ano II, v. 6, n. 18, pp. 206 e 215, maio-jun. 1941. (Comunicado por Alexandre Eulálio.)

III.
Missão no Uruguai

Tratava-se praticamente de uma despedida. Tolentino já havia sido nomeado comissário imperial na Junta de Crédito Público, destinada a consolidar e amortizar a dívida da República Oriental do Uruguai com o Brasil, e dali a pouco estava com a família em Montevidéu, ainda perturbada pelos nove anos de cerco que sofrera da parte de Oribe, apoiado por Rosas. Esta missão difícil era uma inflexão na sua carreira, até então limitada à rotina burocrática, pois a partir dela abriram-se caminhos que o levariam a se envolver no jogo político, no qual recolheu alguns êxitos e deixou muitas penas.

Nos termos do tratado de 12 de outubro de 1851, o Império prometia à sua ex-província a quantia mensal de 60 mil patacões; em compensação o governo uruguaio aceitava criar a dita junta, de cinco membros, um dos quais brasileiro, indicado pelo nosso representante diplomático em Montevidéu. O objetivo final era definir os modos de pagar as avultadas somas que o Uruguai devia ao Brasil desde a sua independência em 1828 — sobretudo as despesas feitas e as quantias fornecidas durante a longa guerra civil (*la guerra grande*) terminada em 1851 com a vitória dos antirrosistas.

O Uruguai, cuja posição era meio humilhante devido à penúria financeira e à dependência política, procurou de maneira compreensível evitar a ingerência do representante estrangeiro, formando a junta sem ele e deixando-a no papel, sob protestos do ministro residente José Maria da Silva Paranhos, cujas ameaças fizeram a outra parte ceder. A junta se instalou em 7 de julho de 1852 sob a presidência nominal do ministro da Fazenda de lá, com três membros uruguaios e Tolentino, indicado por Paranhos, mas não funcionou, sob vários pretextos, inclusive falta de locais, até que a pressão de Paranhos forçasse o começo dos trabalhos em 15 de setembro. É possível que o comissário imperial tenha ido tomar posse e voltado ao Rio para pegar a família (daí a presença no baile); e é possível que só tenha chegado a Montevidéu para o funcionamento efetivo.

No relatório apresentado à Assembleia Geral Legislativa em 1853, o ministro de Estrangeiros, Paulino José Soares de Sousa, informou que Tolentino, nomeado pelo governo "para tão delicada missão, tem desempenhado as suas funções da maneira a mais satisfatória".[13]

Em Montevidéu Tolentino pôde estreitar relações, baseadas em grande confiança mútua e duradoura, com Paranhos, então no começo de uma carreira fulgurante, reforçando o vínculo decisivo com quem seria um dos mais eminentes "senhores da situação".

A propósito, lembremos que a política brasileira no Uruguai a partir de 1851 esteve ligada ao intuito de ter uma base de influência na região do Prata, a começar pela participação na luta contra Rosas. Para o Uruguai tal política manifestava a colaboração bastante interesseira do Império, que ele não podia dispensar a fim de consolidar o seu estatuto de nação soberana, depois do cerco terrível e do perigo de ser absorvido

13 *Relatório da Repartição dos Negócios Estrangeiros apresentado à Assembleia Legislativa na primeira sessão da nona legislatura pelo respectivo Ministro Secretário de Estado Paulino José Soares de Sousa.* Rio de Janeiro: Tipografia do Diário de A. & L. Navarro, 1853, p. 13. Deste *Relatório* e dos dois seguintes, de 1854 e 1855 (este já apresentado pelo novo ministro, visconde de Abaeté), extraí os dados sobre a missão no Uruguai.

pela Argentina. Daí a quase necessidade bilateral da política imperialista brasileira, deslanchada por Paulino José Soares de Sousa (que no fim de 1853 seria muito significativamente criado visconde do Uruguai), a partir do referido tratado de outubro de 1851. Ela comportou uma atuação tríplice: política, coordenada por Honório Hermeto Carneiro Leão, ministro plenipotenciário em missão especial no Prata, e depois por Paranhos, seu substituto quanto ao Uruguai; militar, coordenada por Caxias, comandante do exército expedicionário; e econômica, influenciada por Mauá, que foi não apenas um dos seus fatores e grande beneficiário, mas a presença viva do Brasil na economia platina durante muito tempo.

Nesse contexto Paranhos começou como secretário de Honório Hermeto e acabou ministro residente em Montevidéu, onde teve a oportunidade da convivência que o tornaria compadre de Caxias e amigo íntimo de Mauá — formando com eles uma constelação de poder que se manterá no futuro, desfalcada embora de Honório Hermeto, falecido em 1856 quando presidia o Gabinete da Conciliação.

Paranhos, que "sabia descobrir aptidões",[14] indicou para o posto de comissário imperial o funcionário competente e cumpridor que era Tolentino, dando-lhe o ensejo de participar em nível mais modesto dessa constelação poderosa, à qual se ligaria doravante a sua carreira. Era o homem de confiança que realizava como executor as determinações do poder através dos "senhores da situação". Veremos que Honório, Paranhos, Caxias e Mauá lhe darão a seguir as provas mais sólidas de apoio e apreço, como se todos fizessem parte duma espécie de (imaginário) "grupo de Montevidéu", abrangendo o primeiro e o segundo escalões.

---

14 Tobias Monteiro, *Pesquisas e depoimentos para a história do Brasil*. Rio de Janeiro: Francisco Alves, 1913, p. 178.

Os trabalhos da Junta de Crédito Público se desenvolveram com a atuação efetiva de apenas dois membros uruguaios e o brasileiro, encerrando-se em 24 de março de 1854 por um projeto de organização e pagamento da dívida, feito com a participação decisiva de Tolentino, que deste modo se tornava protagonista dum acontecimento de peso, granjeando o reconhecimento de seu governo e consolidando a reputação já adquirida de funcionário capaz. Voltou ao Rio em maio daquele ano e se aposentou em 1855 como diretor do contencioso do Tesouro, sendo recompensado com o título de conselheiro, galardão dos altos funcionários de boa folha. Os termos do respectivo documento são os seguintes:

Dom Pedro, por Graça de Deus, e Unânime Aclamação dos Povos, Imperador Constitucional e Defensor Perpétuo do Brasil, Faço saber aos que esta Minha Carta virem que, Atendendo ao merecimento, e letras de Antônio Nicolau Tolentino, e por Confiar dele que em tudo, de que o Encarregar, Me servirá muito à Minha satisfação: Hei por bem Fazer-lhe Mercê do Título do Meu Conselho, com o qual haverá e gozará de todas as honras, prerrogativas, autoridades, isenções e franquezas, que hão e têm os do Meu Conselho, e como tal lhe competem. E prestará o juramento de estilo na conformidade da Lei de 4 de Dezembro de 1830, de que Me dará Conselho fiel, e tal como deve quando Eu lho Mandar. E por firmeza de tudo o que dito é, lhe Mandei dar esta Carta, por Mim assinada, e selada com o Selo pendente das Armas Imperiais. Pagou sessenta mil-réis de Direitos de Chancelaria, como constou do respectivo Conhecimento em forma passado no Tesouro Nacional na data de ontem. Dada no Palácio do Rio de Janeiro em nove de Novembro de mil oitocentos cinquenta e cinco, trigésimo quarto da Independência e do Império.

Imperador

Luís Pedreira do Couto Ferraz

Carta pela qual Vossa Majestade Imperial Há por bem fazer Mercê a Antônio Nicolau Tolentino do Título do Conselho, como acima se declara.

Para Vossa Majestade Imperial Ver.[15]

Este "título do Conselho", puramente honorífico, não deve ser confundido com os dos membros do Conselho de Estado, que eram doze, com até doze suplentes, e exerciam funções efetivas como assessores do imperador. O "título do Conselho" era dado em geral aos "que houvessem exercido cargos tais como Juízes do Supremo Tribunal de Justiça, Ministros de Estado, Presidentes de Tribunais de Relação, Bispos, Presidentes de Província e outros, por força da lei ou de costume".[16]

15 A reprodução deste documento foi comunicada pela possuidora do original, Helena Tolentino de Andrade, a quem agradeço. 16 João Camilo de Oliveira Torres, *A democracia coroada: Teoria política do Império do Brasil*. Rio de Janeiro: José Olympio, 1957, pp. 464 e 452.

IV.
Vice-presidente em exercício

Logo a seguir, no começo de 1856, Tolentino passou a integrar a comissão fiscal do Banco do Brasil (três membros), do qual era presidente o visconde de Itaboraí, Joaquim José Rodrigues Torres, exercendo a função até o ano seguinte. E em 30 de abril de 1856, sendo presidente do Conselho de Ministros Honório Hermeto (Caxias era ministro da Guerra e Paranhos entraria pouco depois para a Marinha), foi nomeado vice-presidente da Província do Rio de Janeiro, para o fim de exercer imediatamente a presidência no lugar do conselheiro Luís Antônio Barbosa, que pedira licença para ocupar uma cadeira de deputado geral pelo Partido Conservador.[17]

Embora simpatizante deste, Tolentino não tinha partido e foi o primeiro não político nomeado para administrar a província mais importante do Império, antes dele governada quase apenas por figurões de alto nível. O período era o da Conciliação, mas muitos conservadores e liberais já começavam a se afirmar contra ela, a partir da oposição de Ângelo Muniz da Silva Ferraz em 1854. No entanto, liberais e conservadores receberam bem o burocrata e não lhe dificultaram a ação nos seis meses

---

17 Salvo referência expressa a outras fontes, o relato das gestões de Tolentino no governo da Província do Rio de Janeiro será feito com base no registro das sessões da Assembleia Provincial, transcrições de discursos dos deputados, atos do governo, noticiário sobre os incidentes etc., tudo no *Jornal do Commercio*, que fazia as vezes de diário oficial.

que durou o seu governo. Joaquim de Saldanha Marinho, deputado provincial, tinha tomado posição contra a administração de Luís Antônio Barbosa, e na sessão legislativa de 1856 (as sessões duravam dois meses, agosto e setembro) voltou à carga, ferreteando de cambulhada a situação dominante com uma fórmula lapidar: "Conciliação é corrupção".

Contra o presidente licenciado destacou em especial o fato de haver ele devolvido nada menos de doze projetos, a que recusara sanção, o que reputava "um perfeito estigma à Assembleia Provincial". ("Uma verdadeira dissolução!", bradava dramaticamente o deputado Antônio Pedro Gorgolino.) Como Tolentino havia devolvido um e devolveria outros, Saldanha Marinho englobou-o na censura. E, numa curiosa demonstração dos limites do sentimento liberal, mesmo num campeão tão avançado, lembrava que tendo as administrações anteriores sabido eleger deputados afeiçoados aos seus desígnios, o vice-presidente poderia ter combinado com estes para fazer passar apenas os projetos de seu interesse, rejeitando os demais e evitando assim a posterior devolução (JC, 22 ago. 1856). Vários deputados defenderam a administração, inclusive Luís Honório Vieira Souto, que na sessão de 21 de agosto esclarecia a atitude de Tolentino, isto é, não interferir nas decisões do Legislativo e deixar livre o mecanismo das suas opiniões:

> [...] há duas maneiras da presidência da província marchar na gerência dos negócios públicos em relação à Assembleia Provincial: ou procurando entender-se com a maioria da assembleia para que não passem as leis que não devem receber sanção; ou deixando que a Assembleia Provincial proceda como entender melhor, dentro dos limites de sua atribuição, sem nenhuma insinuação por parte da presidência da província, reservando-se esta o direito de não sancionar todas as leis que não julgar convenientes à província. O sr. vice-presidente da

província, que negou sanção a este projeto, preferiu a última maneira de proceder.

Esta atitude, dizia ele, permitiria à Assembleia reestudar as questões, melhorar os projetos e mandá-los de novo, resultando disso leis mais amadurecidas que se imporiam à sanção do Executivo pela sua necessidade e boa formulação, enquanto o método preconizado por Saldanha Marinho redundaria na verdade em falsa harmonia entre os poderes e preeminência disfarçada do Executivo (JC, 25 ago. 1856).

Alguns deputados foram mais longe na oposição, como João Caldas Viana, que fora presidente da província de 1843 a 1844 e agora era o único que desde o começo se opunha a Tolentino. Na sessão de 19 de setembro, a propósito de verbas para obras públicas em Maricá, combateu o projeto porque o vice-presidente não lhe merecia confiança, "nem pela sua ilustração, nem pelos seus atos". Ainda uma vez Vieira Souto defende-o, dizendo:

> Quer se atenda para a maneira honrosa, digna e ilustrada por que o sr. Conselheiro Tolentino desempenhou sempre os empregos que exerceu, e comissões importantes de que foi incumbido em sua longa vida como funcionário público, quer se considere somente os atos que tem praticado como administrador desde que está presidindo a província do Rio de Janeiro, ninguém dirá com justiça que S.Exa. tem dado motivo para que a Assembleia não lhe testemunhe a maior confiança. (Apoiados.)
>
> O sr. Ribeiro de Almeida — E sem lisonja. (JC, 21 set. 1856)

Em agosto de 1856, na abertura da sessão legislativa, Tolentino apresentou um relatório minucioso e bem-feito, verdadeiro panorama social, econômico e administrativo da província, dividido em duas partes. A primeira, datada de 20 de julho, é a organização e redação de material quase todo preparado pelo antecessor, a quem dá os créditos devidos; a segunda, de 1º de agosto, é sobretudo dele mesmo.[18] Em 30 de outubro pediu demissão e passou o governo a outro vice-presidente, o historiador João Manuel Pereira da Silva, que governou até 4 de agosto de 1857, quando, tendo-se demitido Luís Antônio Barbosa, que não reassumira o cargo, foi substituído por Tolentino, que havia sido nomeado presidente (o 11º) no dia 1º daquele mês e voltava à chefia da administração provincial em caráter efetivo, sendo presidente do Conselho e ministro do Império o marquês de Olinda.[19]

---

18 O relatório foi publicado sem algumas tabelas na *Revista Brasileira de Estatística*, ano XVII, pp. 98-122, abr.-jun. 1956 e n. 67, pp. 219-236, jul.-set. 1956. **19** Miguel Arcanjo Galvão, *Relação dos cidadãos que tomaram parte no governo do Brasil no período de março de 1808 a 15 de novembro de 1889*. Rio de Janeiro: Arquivo Nacional, 1969 (1. ed., 1894). Aí se encontra o movimento de nomeações, posses, licenças, demissões de todos os presidentes e vice-presidentes de província. Ver também Lacombe, op. cit.

V.
O funcionário presidente

Por que motivo foi nomeado alguém que era apenas funcionário, quando se costumava entregar a presidência das províncias, sobretudo a mais importante, a do Rio de Janeiro, a políticos, em geral parlamentares? Naquela altura houve sinais de preocupação com o fato de estarem os presidentes sempre fora da sede, devido à necessidade de frequência às sessões semestrais da Câmara ou do Senado, e de serem muitas vezes desprovidos de habilitação específica. Por isso pensou-se não apenas em organismos de assessoramento que mantivessem a continuidade da administração, mas na criação de uma carreira de administrador provincial.

Ao assumir a presidência do Conselho em 1857, Olinda nomeou comissão para estudar o caso e pediu ao visconde do Uruguai sugestões, que incorporou ao seu relatório de 1858 como ministro do Império: são as *Bases para melhor organização das administrações provinciais*. Voltando mais tarde ao problema, o visconde do Uruguai definiu-o de maneira curta e clara, lembrando que uma boa organização administrativa assegura a continuidade do governo, através das eventuais mudanças políticas. E falando diretamente dos nossos presidentes de província, mostrou os males devidos ao cunho efêmero das suas gestões, que compara ao fazer e desfazer sem fim da tela de Penélope.[20]

---

20 Visconde do Uruguai, *Ensaio sobre o direito administrativo*. 2 v. Rio de Janeiro: Tipografia Nacional, 1862, v. I, pp. 20-23.

Em 1860 o deputado João de Almeida Pereira Filho apresentaria à Câmara um projeto criando a carreira de presidente, em que dizia:

> Para que a estabilidade que se deseja se torne uma realidade cumpre tirar ao cargo de presidente o caráter de simples comissão transitória e sem futuro; cumpre dar o primeiro passo para a criação da carreira administrativa.[21]

Nomeando-se um funcionário de carreira, tentava-se com certeza corrigir o absenteísmo e melhorar o aspecto técnico da administração, sobretudo porque no caso especial da Província do Rio de Janeiro havia uma antiga aspiração à reforma dos serviços administrativos, sempre reclamada, nunca realizada. Tais devem ter sido os dois motivos principais, tendo como catalisador o fato de Tolentino haver feito boa administração interina (ver o artigo do *Jornal do Commercio* transcrito em apêndice), e de ser identificado ao pensamento dos que desejavam, como o visconde do Uruguai, desvencilhar tanto quanto possível a administração das injunções políticas, promovendo, no resumo de um historiador,

> a montagem de uma máquina administrativa funcionando por si, cada situação política nova apenas dando impulso ao mecanismo, sem montá-lo e desmontá-lo de novo.[22]

Convém sublinhar que a ação reformuladora de Tolentino precedeu as *Bases* do visconde do Uruguai e as demais propostas a respeito, embora ele devesse conhecer os planos reformistas

---

21 Citado por Caetano José de Andrade Pinto, *Atribuições dos presidentes de província*. Rio de Janeiro; Paris: Garnier-Durand, 1865, passim e p. 10.
22 João Camilo de Oliveira Torres, op. cit., p. 335.

que aceitou pôr em prática, por corresponderem ao seu ponto de vista. E assim temos um caso de convergência dos propósitos do Governo, das aspirações da Província e das convicções do administrador escolhido. Aceitando a tarefa espinhosa, Tolentino foi todavia mais longe do que os hábitos políticos comportavam, e levou o Governo a recuar nas intenções de reforma. Veremos que atuou como funcionário técnico, mais do que como político, procurando em vão modificar a rotina defeituosa, o que gerou com a Assembleia Provincial um conflito bastante grave, que visto de hoje parece choque entre a mentalidade racional da burocracia e as acomodações táticas do jogo político.

Mas a princípio não houve problemas. Apesar das restrições de alguns poucos deputados à gestão anterior, a nomeação foi bem recebida e parece ter sido feita com aquiescência dos maiorais da província. O deputado Ernesto de Sousa e Oliveira Coutinho, filho do famoso Aureliano, requereu que uma comissão de quatro membros fosse manifestar ao novo presidente a alegria da Assembleia, sublinhando que esta

> ainda se recorda, com grande satisfação, dos serviços prestados por Sua Exa., durante sua transacta e digna administração, que tantas esperanças fez brotar nos corações dos habitantes desta província. (JC, 6 ago. 1857)

Saudando o presidente em nome da Assembleia, o mesmo deputado disse dois dias depois que segundo o próprio governo imperial ele havia sido nomeado levando em conta não apenas o merecimento pessoal, mas porque "uma geral simpatia expressivamente (o) chamava" (JC, 8 ago. 1857). Esta atmosfera de cordialidade e apoio teria sem dúvida perdurado se Tolentino houvesse, como da vez anterior, apenas administrado, com a usual competência, mas como teve de adotar medidas reformadoras contrárias ao interesse e à rotina dos grupos políticos, e outros, ela deu lugar dentro de alguns meses a uma oposição violenta, que acabou por forçar a sua saída de maneira rumorosa.

Do ponto de vista estritamente administrativo, as coisas correram de fato na rotina normal, com pouca divergência por parte da Assembleia. Ele se preocupou com a colonização estrangeira, que Aureliano Coutinho havia incentivado de maneira notável, elevou a município alguns distritos, atendeu no que pôde a edifícios públicos e estradas. Estas suscitaram problemas, sobretudo a União e Indústria, que estava sendo construída por uma companhia organizada por Mariano Procópio Ferreira Lage para ligar a Corte a Juiz de Fora, cortando uma zona cafeeira muito rica. Tendo a companhia alterado o traçado na altura de Paraíba do Sul, cuja Câmara protestou, houve interpelações, ataques, defesas, e Tolentino procurou resolver por meio de estudos técnicos, sem ter conseguido chegar a um acordo (a disputa continuaria depois de sua demissão). Além disso, deu início aos trabalhos da ferrovia Niterói-Campos, pôs ordem numa complicada questão da estrada para Mangaratiba e mandou investigar o preço dos gêneros, com resultados interessantes que fez em parte enfeixar num folheto: *Carestia dos gêneros alimentícios.*[23]

No entanto, o seu propósito era mais sério, sendo visível que além de administrar queria promover reformas. Como o sistema escolar lhe pareceu lamentável, quis reforçar e modernizar a inspeção, a fim de aumentar o controle sobre o ensino. Do mesmo modo pretendeu melhorar o desempenho do clero, que declarou em relatório contar com muitos membros de má conduta, mergulhados na politicagem e desatentos aos deveres específicos (no regime monárquico a religião católica era de Estado, cabendo a este nomear e remunerar o pessoal eclesiástico). O zelo de Tolentino talvez tivesse a ingenuidade

---

23 *Presidentes do Rio de Janeiro* etc. Ms. AN, op. cit., onde o folheto vem apenso a um dos ofícios ao ministro do Império.

dos bem-intencionados e iria criar dali a pouco motivos para engrossar e dar virulência à oposição.

Mas a princípio, quando se encerrou a sessão legislativa de 1857 (agosto/setembro), havia na Assembleia 36 deputados a seu favor e cinco contra. A onda começaria a virar após um ato que publicou em 30 de outubro, dando início a medidas de reforma da administração pública. A data foi escolhida provavelmente por motivos táticos, isto é, aproveitar o intervalo legislativo a fim de evitar o possível choque com os deputados, que veio de maneira tempestuosa na sessão seguinte (agosto de 1858).

O ato de 30 de outubro de 1857 determinou que os funcionários provinciais com função em Niterói deveriam residir nesta cidade. Eles eram então cerca de cem, dos quais a terça parte vivia no Rio de Janeiro, com prejuízo para o serviço. Por isso, quando foram presidentes, Honório Hermeto (outubro de 1841 a janeiro de 1843) e Aureliano Coutinho (abril de 1844 a abril de 1848) quiseram tomar medida semelhante, determinando verbalmente a residência em Niterói, sem no entanto baixarem nenhum ato oficial. A questão era espinhosa, porque feria o interesse de muita gente, de modo que os interessados resistiram e a coisa ficou por isso mesmo. O ato de Tolentino foi considerado petulância intolerável, como se um obscuro funcionário quisesse executar o que estadistas poderosos não tinham conseguido. Mais tarde, atacando-o, o deputado Caetano José de Andrade Pinto faria involuntariamente o seu maior elogio, ao dizer:

> S. Exa. veio para a província e veio resolvido a acabar com todos os abusos ante os quais tinham-se quebrado a força do prestígio dos Srs. marquês de Paraná e visconde de Sepetiba. (Sessão de 17 de agosto de 1858, JC, 23 ago. 1858)

No mesmo discurso, disse que o ato de 30 de outubro de 1857 seria legítimo se viesse incorporado à reforma geral da administração; não como medida isolada. Tolentino dizia que o seu intuito fora justamente preparar a reforma. Ante a celeuma, contemporizou e estabeleceu a diferença entre residência (efetiva) e domicílio (oficial), permitindo aos funcionários contornar em parte a situação, embora muitos se houvessem efetivamente transferido.

O problema maior era a reforma geral, desejada havia muito e já autorizada pela Assembleia desde anos; mas nenhum presidente quisera mexer no vespeiro. Ao passar o governo a Tolentino, assim falava o vice-presidente em exercício Pereira da Silva: "V. Exa. terá a fazer reformas na administração e instrução pública, de cujo estudo me ocupava".

E em 9 de setembro de 1857 o deputado Vieira Souto se rejubilava porque afinal ia começar a

> reforma das repartições públicas, tão reclamada por diversos administradores da província nos seus relatórios, e tão demorada desde que a assembleia concedeu para isto a devida autorização. (JC, 11 set. 1857)

A Assembleia nomeou uma comissão para este fim, e com ela Tolentino trabalhou alguns meses, sendo de supor que as medidas preliminares e a redação final não tenham sido feitas contra a vontade desta, embora seja evidente que o pensamento diretor era do presidente, que, não sendo político, mas o que se chamaria hoje um especialista em finanças públicas, teve a ingenuidade de pensar que se estava mesmo querendo organização, eficácia e moralidade no serviço provincial. Como ocorre em tais casos, e sobretudo como ocorria naquele tempo de filhotismo triunfante, o que se queria era apenas um pouco de ordem, com os abusos permanecendo atrás da fachada pintada de novo. O sistema eleitoral e o próprio funcionamento do Estado dependiam do jogo de favores, da formação de uma clientela mantida pelos empregos públicos, ao lado dos privilégios fiscais, concessões, empreitadas etc. Daí a vigência e a força do "patronato", isto é, o sistema segundo o qual o critério das nomeações não era a capacidade ou a prova de competência, mas a mera proteção política, o "pistolão".

Como exemplo desses arraigados costumes políticos podemos citar o que diria um representante mineiro na Câmara dos Deputados, sessão de 27 de julho de 1875, a respeito do Corpo Diplomático:

> Não se abrem concursos para estes lugares, apresentam-se os candidatos rodeados pelo patronato, este parasita que mata tudo; o ministro da repartição fica como que atado, toma nota do que tem protetores mais valiosos, e desde que ele tenha uma carta de bacharel em direito o manda para a Europa.[24]

No entanto, Tolentino continuava em seu rumo. Num regulamento de 3 de janeiro de 1858 tentou coibir o abuso de licenças e afastamentos remunerados, que como se sabe é um dos meios de transformar a função em sinecura. E quando se aproximaram as eleições legislativas provinciais de 1858, aconselhou funcionários com veleidades políticas a não se candidatarem, a fim de não ser o serviço prejudicado pelo afastamento. Mais ainda: recusou-se a interferir com o peso do Executivo a favor ou contra candidatos.

A atmosfera devia portanto estar carregando no momento em que ele baixou afinal a resolução de reforma dos serviços administrativos em 30 de abril de 1858. Ela procurava coibir o arbítrio das nomeações por favor e estabelecer critérios de

---

24 João Ribeiro de Campos Carvalho, em Mário de Lima, *Coletânea de autores mineiros. Prosadores*. V. I: *História, Oratória*. Belo Horizonte: Imprensa Oficial, 1922, p. 281.

competência para dar eficácia ao serviço, criando uma carreira no sentido estrito, com base sobretudo em duas medidas: (1) concurso de ingresso e (2) promoção sem saltos. Assim, acima do nível que não requer conhecimentos especializados, como servente, porteiro etc., ninguém poderia, sem provas, ser nomeado para cargo inicial de praticante. A partir daí, só poderia ter acesso ao nível imediatamente superior depois de ter servido pelo menos um ano no imediatamente inferior, em lugar de, por exemplo, entrar por cima, como oficial-maior, chefe de seção ou diretor. As provas de concurso exigiam um mínimo de conhecimentos, segundo o setor.

Além desta estocada no patronato, procedeu a mudança radical na cúpula do governo, pela formação de uma "junta administrativa" constituída pelos chefes de serviços e presidida pelo presidente da província. A 6 de maio baixou um ato ampliando os poderes do secretário de governo, além de especificar a alçada e o funcionamento da junta, cujos membros passaram a poder comunicar-se entre si e decidir muitos casos sem recurso ao chefe do Executivo, para "desembaraçar o expediente".

As ideias de Tolentino a esse respeito tinham sido expostas num longo ofício ao presidente do Conselho marquês de Olinda em 22 de abril de 1858, com a reforma já pronta. Olinda retrucou meio assustado com a inovação, que visava a estabelecer um fundamento consensual para os atos do Executivo. Ponderou que sendo a junta formada pelos diretores dos serviços (finanças, agricultura, obras públicas, educação etc.), se cada um entendia apenas do seu ramo, como poderiam deliberar em conjunto, sobre matéria alheia? Tolentino explicou que justamente a formação da junta obrigaria cada um a saber um pouco do todo. E o fato de ser o presidente da província de nomeação política e ação passageira, além de entrecortada por licenças, requeria como corretivo algo permanente, que desse continuidade ao governo, aproveitando a experiência administrativa dos funcionários. Com o mesmo intuito de atenuar as lacunas de um Executivo cuja chefia era efêmera e exógena, propunha também medidas mais estritamente burocráticas, como a transferência ao oficial-maior da Secretaria de Governo de atribuições do respectivo secretário, cargo de confiança do presidente e tão transitório quanto ele.[25] Como se vê, tais medidas poderiam ter ajudado a resolver alguns dos problemas mais graves da administração centralizadora do Império, pois vinculavam os delegados do Governo a uma certa sequência no atendimento das necessidades reais das províncias. E como diz um historiador que estudou com justeza a função dos presidentes: "O que salvou do caos a administração foi a existência da máquina auxiliar do governo".[26]

Naturalmente, a criação da carreira administrativa feria muitos interesses: dos funcionários, dos candidatos a funcionário, e, atrás, as famílias, os amigos, os políticos que precisavam distribuir empregos para assegurar o apoio dos chefes locais. Sobretudo porque, ao pôr a reforma em execução, Tolentino procurou evitar os empenhos, preenchendo os cargos novos e promovendo aos mais altos os funcionários que satisfaziam os requisitos de competência.

---

25 Ms. IH, Coleção Marquês de Olinda, Lata 207, Doc. 42. **26** Francisco Iglésias, *Política econômica do governo provincial mineiro (1835-1889)*. Rio de Janeiro: Instituto Nacional do Livro, 1958, p. 53.

VI.
O conflito com a Assembleia

Logo depois de publicado o ato da reforma, saiu no *Correio Mercantil* de 9 de maio um artigo intitulado "Deus para nós e o diabo para os outros", em defesa dos funcionários da receita provincial. Mas estes vieram imediatamente pelo *Jornal do Commercio* do mesmo dia desmentir o artigo e manifestar solidariedade ao presidente. Portanto, a disputa estava armada e a opinião, antes favorável a Tolentino, deveria estar mudando de maneira cada vez mais acentuada, sendo provável que os meses que precederam a reunião da Assembleia Provincial, junho e julho de 1858, tenham sido marcados por articulações contra ele da parte dos políticos.

Em todo o caso, pediu licença para tratamento de saúde em 20 de junho e foi substituído por um dos vice-presidentes, seu amigo dr. Tomás Gomes dos Santos, depois acusado de servir apenas de biombo para que ele continuasse a exercer de fato o governo. Teria sido a licença uma tentativa de apaziguar pela ausência? A Assembleia se reuniu no dia 28 de julho em sessão preparatória, e é possível que só então ele tenha sabido pelos deputados amigos o verdadeiro estado das coisas, pois reassumiu no dia seguinte, e no dia 2 de agosto leu o seu relatório, que contribuiu para acirrar, não apaziguar, pois continha recomendações que a Assembleia considerou censuras. Esta falta de habilidade parece mostrar que o presidente não avaliara a importância da oposição; mas não havia tempo para mudar. Além disso, o relatório foi apresentado incompleto e não se distribuíram desde logo as cópias de praxe, o que constituiu mais um motivo de irritação.

Neste relatório, que daria pano para mangas inflamadas, ele usou de uma franqueza que, nem por ser traço constante da sua personalidade, deixava de ser intempestiva. Preocupado com a melhoria real da administração, e com as responsabilidades do Executivo, analisou o estado das finanças e anunciou um déficit que vinha de muito tempo. Para remediá-lo, recomendava que os deputados enviassem menos projetos, a fim de não sobrecarregar o orçamento e não ficar a presidência na necessidade de os rejeitar; e que procurassem atender mais aos interesses gerais da província do que aos das suas áreas de prestígio. Ora, levando em conta que a reforma administrativa já tinha criado desgostos, esta chamada à ordem era um estopim que inflamou a suscetibilidade da Assembleia e, despertando o espírito corporativo, deve ter aumentado bastante o número de adversários.

No dia 4 de agosto Tolentino já vinha protestar pelo *Jornal do Commercio* contra um artigo de *A Pátria*, que o acusava de fugir à responsabilidade dos déficits, atirando-os sobre os predecessores e a Assembleia, à qual teria querido "dar uma lição". Ele explicou que os déficits não eram da responsabilidade pessoal de ninguém, e que a divisão dos poderes, fazendo do presidente o executor responsável, não permitia levá-los ao passivo da Assembleia. Mas a explicação não adiantou e o descontentamento explodiu, fazendo da curta sessão de agosto de 1858 um crescendo de ataques, por um número cada vez maior de adversários do presidente, que contava com um número cada vez menor de defensores. Mesmo alguns dos que mais o apoiavam antes, como Vieira Souto, passaram de armas e bagagens para o campo adverso.

Naturalmente as articulações da oposição já estavam em fase adiantada, e logo no começo da sessão Tolentino foi envolvido numa onda de boatos e manobras em torno da eleição do presidente da Assembleia, que acabou sendo o seu antecessor

Pereira da Silva. Os deputados e políticos da província pressionaram o governo para obter o seu afastamento, chegando a propor nomes para substituí-lo. Nas sessões, os oradores se sucediam no ataque, concentrado em três tópicos: (1) ter ele desconsiderado a Assembleia não lhe deixando cópia do relatório; (2) tê-la atacado ao lhe pedir que não propusesse leis com vistas aos seus interesses eleitorais; (3) ter baixado um ato inconstitucional: a obrigatoriedade de residência dos funcionários na capital da província. Mas, salvo em parte o último tópico, os outros eram pretextos para cobrir o que deve ter sido o verdadeiro motivo da celeuma, motivo que, de maneira curiosa, mas compreensível, não apareceu nos debates: a reforma geral da administração.

Com efeito, seria pouco tático dizer que se estava lutando contra Tolentino porque estatuíra concurso, promoção gradual e provas que permitiriam avaliar conhecimento — pois isto era requisito óbvio da moralização dos serviços. Também não convinha mexer na inovação da junta administrativa, medida destinada a reduzir o arbítrio do presidente por meio da divisão de poder, que, como veremos, não interessava ao jogo político. Daí a concentração em torno de ninharias, que deve ter sido combinada.

O ataque foi aberto no dia 4 de agosto pelo deputado Miguel Antônio Heredia de Sá, médico em Campos, um desses falastrões combativos que são úteis às assembleias em período de briga. Segundo ele,

> a atual administração, pelos seus atos menos prudentes, e sobretudo pela sua reforma incompreensível e desmoralizadora de tudo e de todos (*não apoiados; reclamações, apoiados*) arrasta a província a inevitável ruína. (JC, 10 ago. 1858)[27]

27 Heredia de Sá devia ser um espírito curioso, a julgar pela tese com a qual se doutorou na Faculdade de Medicina do Rio em 1845: *Algumas reflexões sobre a cópula, onanismo e prostituição do Rio de Janeiro* (Ver Sacramento Blake, *Dicionário bibliográfico brasileiro*, v. VI, p. 268).

Apesar da menção à "reforma", ele só aborda o problema da residência, que em todos os discursos passa a ser sinônimo da reforma a que não se queria aludir de maneira direta. Foi dentro desta visão circunscrita que entrou em cena Saldanha Marinho, mestre do debate parlamentar, que seria o grande personagem do conflito e, como veremos, uma espécie de figura fatídica na carreira de Tolentino. Mais do que ninguém ele desenvolveu o argumento da inconstitucionalidade, usando um tom de moderação sarcástica na perfeita ordenação do discurso, apoiado por apartes e aplausos da maioria crescente. Mas houve quem defendesse o presidente, como o deputado Francisco José Cardoso Júnior, que demonstrou a constitucionalidade da medida, apoiado por José Baltasar de Abreu Cardoso Sodré e mesmo, em parte, por um adversário do governo provincial, Caetano José de Andrade Pinto.

A temperatura subiu ainda mais depois que, segundo constou, certo membro do Gabinete confidenciara aos deputados fluminenses que se a oposição chegasse mesmo a um ponto incandescente o Governo substituiria Tolentino. À vista disso a Assembleia pôs mais carvão na fornalha e acelerou o ataque, entendendo que havia um pacto implícito com o Gabinete. Mas, ao contrário, este veio a público declarar que Tolentino contava com a sua aprovação e seria mantido.

Aí deu-se a explosão. Os legisladores se sentiram ludibriados e adotaram a mais extrema das medidas, equivalente à destituição branca do presidente da província, para ferir não só a ele, mas ao Governo. O porta-voz foi ainda Saldanha Marinho, que na sessão de 22 de agosto se superou numa oração magistral, de serenidade feroz e a mais admirável má-fé estratégica, desenvolvendo o seguinte raciocínio: não duvido que o presidente seja bem-intencionado e queira acertar; só que não tem capacidade e sobretudo não tem firmeza. Veja-se o caso da residência; certa ou errada, ele assumiu a medida, mas, ante a grita geral, recuou e criou o casuísmo do domicílio, para deixar à vontade os que desejavam continuar morando no Rio. Veja-se o caso dos contratos para construção de estradas, que ele dizia não terem sido cumpridos, e no entanto mandou pagar. Veja-se o caso dos párocos, que denunciou como politiqueiros e pouco virtuosos, mas não puniu. (Registremos de passagem o pitoresco desplante com que o líder maçônico e anticlerical, o futuro Ganganelli, defendeu compungido a virtude e a dignidade do clero.) Veja-se o caso da estrada União e Indústria, cujo traçado desobedeceu ao contrato, e ele não tomou providências. Tudo isso mostraria que o presidente era homem de "tibieza e pouca energia". Sendo assim (e aí o sarcasmo adquire força operativa), a Assembleia deveria ajudá-lo a cultivar a sua indecisão, o seu receio de tomar providências: como ele havia pedido que não lhe mandassem projetos que não pudesse cumprir, propunha, seguido por mais 23 deputados, que se cancelassem todas as autorizações já enviadas e não se fizessem novas, salvo no tocante ao orçamento. Assim o Executivo não seria comprometido pelo Legislativo, e o presidente ficaria em paz...

Todos os argumentos eram capciosos, e em sessões anteriores os deputados que apoiavam o Governo haviam mostrado a vacuidade de alguns deles. Mas a maioria desejava cassar de certo modo o presidente e criar um caso grave para o Gabinete, que no seu entender havia feito verdadeira provocação ao afirmar que o manteria contra vento e maré, apesar das esperanças que teriam sido dadas por um dos seus membros. A votação da proposta ficou para o dia imediato.

Tolentino, posto em minoria num caso tão grave, apresentou ao Gabinete as seguintes alternativas: a sua demissão, ou o adiamento da sessão legislativa, medida extrema e pouco usada que o Ato Adicional assegurava aos executivos provinciais e equivalia a uma espécie de dissolução temporária. No citado ofício de 24 de agosto, expõe ao marquês de Olinda que o seu afastamento por doença dera lugar a uma série de boatos, manobras, defecções e à hostilidade de numerosos deputados, provocando esvaziamento em torno dele. Diante do ocorrido, se tentasse conciliar daria parte de fraco. Daí as alternativas propostas.

O Governo ponderou que aceitar a demissão seria um precedente ruim, ao qual recorreriam dali por diante as assembleias provinciais a torto e a direito. À vista disso, arrostou a tempestade e optou pelo adiamento, que Tolentino comunicou à Assembleia na sessão de 23 de agosto por ofício do secretário de Governo, defendendo-se junto ao Gabinete das acusações de arbítrio e prepotência com os 34 anos de serviço público, que serviam de penhor da lisura de sua conduta.

O escândalo foi grande e encheu os jornais do tempo, provocando a 24 de agosto na Câmara dos Deputados Gerais uma sessão agitada, na qual o Governo teve de se defender contra ataques desfechados pelos deputados fluminenses. João de Almeida Pereira Filho declarou que, apesar de ter estima e afeição por Tolentino, achava que fizera má administração e deveria ter sido demitido, censurando o Gabinete por haver certamente autorizado o adiamento. Francisco Otaviano considerou este um acinte para a província; e Martinho de Campos, mineiro, mas deputado pelo Rio, saiu da habitual serenidade humorística para atacar Tolentino com veemência, tratando-o como uma espécie de joão-ninguém que feria os usos e desmerecia a tradição de grandes chefes do Executivo provincial que o tinham precedido. Diante do silêncio geral, Otaviano assinalou que a prova da inaceitabilidade do ato estava no fato de ninguém naquela sessão defender o seu autor. Sem muita convicção, Olinda, presidente do Conselho, e depois Sousa Franco, ministro da Fazenda, alegaram as razões do Governo. A impressão é que este apoiou o seu delegado por honra da firma, mas não queria se comprometer muito, dando a entender que o substituiria no devido tempo.

No entanto, Tolentino teve defensores mais explícitos. No *Jornal do Commercio* de 27 de agosto Paranhos, que nessa legislatura representava o Rio de Janeiro, assinou uma nota dizendo que não ouvira a tirada de Otaviano, por isso deixara de responder, como fazia agora, declarando que apoiava o presidente da província e sua gestão, embora tivesse dúvidas quanto à oportunidade da suspensão da Assembleia. No dia seguinte, 28, manifestou-se no mesmo sentido outro deputado fluminense, José Joaquim de Lima e Silva Sobrinho, declarando que por ter estado ausente da sessão deixara de falar a favor do velho amigo Tolentino, embora também não concordasse com o seu ato extremo. O próprio Francisco Otaviano mandou no mesmo dia um comunicado, dizendo que o havia censurado apenas quanto à suspensão:

> Nas poucas palavras com que exprimi a minha censura ao ato de adiamento da Assembleia Provincial não contestei o mérito e as boas qualidades do Sr. conselheiro Tolentino, a quem, pelo contrário, voto estima e consideração.

No dia 31 de agosto o *Jornal do Commercio* publicou um longo artigo anônimo (transcrito em apêndice deste ensaio), analisando a gestão de Tolentino, historiando os fatos, defendendo-o e, de passagem, registrando uma das razões profundas de tudo: em vez de nomear presidente político, o Governo preferira um funcionário sem partido, que daria maior continuidade à administração. Daí, depreende-se, surgiram os primeiros germens do conflito.

No mesmo dia começou a aparecer uma série de seis artigos assinados com a inicial A., que o defendiam respondendo ponto por ponto as principais acusações, relativas à questão do déficit orçamentário, às estradas, ao clero e ao funcionalismo, ao caso da União e Indústria, ao dos projetos do Legislativo que não receberam sanção etc. Isto, até o dia 12 de setembro. A seguir, veio uma série de mais seis artigos, de 5 de outubro a 1º de novembro, comentando favoravelmente o famoso relatório que dera pretexto à briga.[28] Nesta última data Tolentino já havia deixado a presidência, que exerceu até 23 de outubro, tendo tomado ainda algumas providências importantes, como a aprovação dos planos para o primeiro segmento da estrada de ferro que deveria ligar Niterói a Campos. Alegando doença, pediu e desta vez obteve demissão, passando o governo ao vice-presidente Tomás Gomes dos Santos, que o transmitiu ao novo presidente (12º), José Maria da Silva Paranhos. No citado ofício ao marquês de Olinda, Tolentino havia dito que era preciso nomear alguém mais capaz de enfrentar uma situação difícil, da qual havia perdido o domínio. Ora, ninguém poderia fazê-lo melhor do que Paranhos, hábil político de ânimo conciliador, mas que ficou no cargo muito pouco tempo, pois a 12 de dezembro foi ser ministro da Marinha no novo gabinete presidido pelo visconde de Abaeté, passando a presidência a um dos vices, desta vez o conde de Baependi, deputado geral, que pouco mais de um mês depois o transmitiu por sua vez ao 13º presidente, conselheiro João de Almeida Pereira Filho, numa incrível cascata de deputados presidentes, prática cujos efeitos paralisadores Tolentino procurara contornar.

A nomeação de Almeida Pereira parece simbólica, pois ele era um verdadeiro anti-Tolentino. "Bem-nascido", bacharel por São Paulo, fazendeiro rico, deputado geral, casado num dos clãs mais poderosos da província (os opulentos e empreendedores Carneiros da Silva, grande produtores de açúcar da região de

---

28 Discursando na sessão de 7 de janeiro de 1859, Saldanha Marinho atribui os artigos anônimos ao próprio Tolentino, qualificando-os como "publicações imprudentes, impertinentes e comprometedoras", que o levaram a manter as críticas. Diz que o reptou pela imprensa a negar a autoria e Tolentino não se manifestou (JC, 16 jan. 59).

Campos), colega de estadistas eminentes, participante com José de Alencar do movimento literário da Faculdade de São Paulo no tempo de estudante, inclusive autor de um livro juvenil de poemas, nada lhe faltava para inspirar confiança aos grupos dominantes e repor nos eixos a política de favor ameaçada pelo reformismo meio ingênuo de Tolentino. Aliás, ficou pouco no governo provincial, pois, nomeado em 17 de dezembro de 1858 e empossado em janeiro de 1859, deixou o cargo em abril e em agosto era ministro do Império no gabinete Ferraz. Mas quem o substituiu foi, significativamente, seu concunhado conselheiro Inácio Francisco Silveira da Mota, futuro barão com grandeza de Vila Franca, que governou a província até setembro de 1861 e tinha as mesmas características econômicas e sociais, de modo que as rédeas ficaram em mãos igualmente contrárias à malfadada reforma de Tolentino.[29]

29 Almeida Pereira e Silveira da Mota eram genros do visconde de Araruama, José Carneiro da Silva; portanto, cunhados de seus filhos conde de Araruama, visconde de Quissamã, barão de Monte do Cedro. Por aliança, eram respectivamente sobrinhos e primos de outros Carneiros da Silva, o barão e o visconde de Ururaí (este, genro de Caxias), além de concunhados de um filho do poderoso Eusébio de Queirós. Ver: Vários autores, *Quissamã*. Rio de Janeiro: Sphan, 1987, passim. Para nós, hoje em dia, mais importante do que essa vistosa constelação de alianças nobiliárquicas é o fato de Silveira da Mota ser tio de Álvares de Azevedo, pois era irmão de sua mãe.

VII.
"No quartel de Abrantes, tudo como dantes"

Malfadada, com efeito. A sessão legislativa provincial reabriu a 23 de novembro, sendo Paranhos presidente da província, e foi até janeiro de 1859. Nela, os véus caíram.

Antes da suspensão, o deputado Heredia de Sá tinha proposto uma comissão para analisar o regulamento de 30 de abril, a fim de verificar se o presidente exorbitara da autorização da Assembleia e sobrecarregara os cofres (este segundo tópico era simples recheio, que ninguém levou em conta). Formaram-na os deputados Luís Peixoto de Lacerda Werneck, José de Sá Carvalho e Luís Honório Vieira Souto, relator. Reaberta a sessão, a comissão apresentou os resultados, que importavam em nada menos que anular a reforma, cujos tópicos essenciais nunca haviam sido objeto de discussão — pois, como sugeri, seria feio ir contra medidas de racionalidade e moralização, que além do mais eram perfeitamente constitucionais. Mas uma vez afastado o presidente incômodo, que tivera o mau gosto de não entender as regras do jogo, podia-se ir direto ao nó da questão.

Com efeito, a comissão não cuidou de despesas e propôs nada menos que a supressão do concurso de ingresso ao cargo inicial de praticante, que voltaria a ser de nomeação livre, sem requisitos; manteve o concurso apenas para os níveis imediatamente superiores de segundo e primeiro escriturários, mas facilitou-o ao ponto de dispensar os conhecimentos básicos de contabilidade pública e outros; principalmente, restabeleceu a faculdade do governo nomear diretamente daí para cima, sem carreira, exigências nem condições. Estava restaurado o fluxo do patronato em toda a sua glória; e, repita-se, nos debates de agosto nenhum deputado havia mencionado estes tópicos, vigentes desde abril, ocultando o objetivo real debaixo do barulho levantado a respeito de questões secundárias.

Mas houve mais: suprimiu-se a inovação da junta administrativa, que, ao ampliar as atribuições dos chefes de serviço, possibilitava-lhes maior autonomia, na medida em que podiam deliberar sem recorrer ao presidente a cada instante. Pergunta-se: por que uma assembleia que se sentira ferida nos brios e prerrogativas pelo que reputou arbítrio presidencial não quis aceitar a democratização do mando criada por Tolentino? A resposta não parece difícil. Como em geral os presidentes eram parlamentares que tinham de estar no Rio durante os seis meses das sessões da Câmara ou do Senado, o governo ficava a cargo de vice-presidentes, gente da terra, engrenada com os interesses locais e portanto suscetível de atuar de acordo com os deputados e chefes políticos. Pensando na situação geral do país, mesmo quando o presidente estava em função, na maioria dos casos ele era estranho à província e não conhecia direito as coisas, tornando-se mais vulnerável a sugestões e pressões. Ora, um Executivo que se ligasse ao colegiado composto por gente de carreira, radicada no lugar, poderia, no espírito da reforma, estabelecer a continuidade administrativa e, pelo conhecimento da situação local, agir conforme os verdadeiros problemas, o que deixava a presidência eventualmente menos amarrada aos interesses do jogo político. Com certeza por causa disso os manipuladores deste jogo faziam a revisão da estrutura do Executivo ir ficando para as calendas...

Como no caso da reforma administrativa, Tolentino, ao conceber a criação da junta, estava ousando medidas julgadas necessárias, mas nunca definidas nem concretizadas. No livro citado, Caetano José de Andradé Pinto lembra que o projeto de reforma constitucional de 1834 sugeria a formação de um conselho para assessorar o presidente, composto por seis deputados provinciais de sua escolha; mas o Ato Adicional não acolheu a ideia. Diz também, como vimos, que em 1857 e 1858 o marquês de Olinda e o visconde do Uruguai fizeram tentativas neste sentido; e que em 1860 Almeida Pereira, ao sugerir a criação da carreira presidencial, propusera um conselho de cerca de vinte membros, metade nomeada pelo governo central, metade formada por autoridades da província nos setores de clero, justiça, armas, ensino etc. Nada pegou, e Caetano Pinto lamentava: "A falta de tal instituição [...] é geralmente sentida" (op. cit., passim e p. 101).

A fórmula de Tolentino, anulada pela Assembleia, era, como se diria hoje, técnica, e deve ter irritado tanto os políticos que nem sequer é mencionada no estudo de Andrade Pinto, apesar de ser a única tentativa concreta que se conhecia até então. Conclui-se que, tanto com referência à reforma do serviço público quanto à do Executivo, o propalado desejo de modificar era no fundo mero desejo de arranjo, que melhorasse o funcionamento do sistema sem afetá-lo na essência. Na essência estava o favor, graças ao qual se mantinha a máquina política pela formação da clientela eleitoral, com base nos chefes locais.

A nossa tradição administrativa provém da ibérica, na qual o cargo conservou o caráter de prebenda. Tradição no fundo mais próxima das concepções orientais, que ligam o ato administrativo à propina, do que da concepção alemã de inspiração luterana, segundo a qual o serviço público é missão. O conflito de Tolentino com a Assembleia é um típico conflito da racionalidade com o senso patrimonialista dos líderes políticos, que não podiam dispensar os mecanismos de formação da clientela. Funcionário competente e honesto, cumpridor escrupuloso do dever, ele se formou no limite estreito das repartições, cujo descalabro pôde observar, desenvolvendo em relação ao patronato uma repulsa que o acompanhou sempre. Mas esta formação fechada o tornou pouco sensível à natureza do jogo político, que exigia maleabilidade, contemporização, acomodação; e não a resoluta objetividade nem a franqueza com que levou a sério a tarefa de reformar, indo além do que se esperava. Daí o escândalo e o ódio que despertou.

Quando a sessão legislativa foi reaberta em 23 de novembro, a malhação do ex-presidente ganhou maior intensidade. O deputado Heredia de Sá, por exemplo, gabando-se de haver sido o primeiro a atacá-lo, mencionava a sua "administração imbecil", enquanto o barão de Lages e Caetano José de Andrade Pinto provocavam hilaridade (e alguns protestos dos fiéis) ao aludirem à "constituição tolentina" e à "reforma tolentina". Mas agora tudo estaria de novo em ordem. Podiam ser nomeados à vontade professores analfabetos, vigários malandros, praticantes filhos de papai que só iam receber o ordenado. Podia-se arrumar a vida de qualquer correligionário nomeando-o diretamente chefe de uma seção de finanças, das quais nada entendia — e assim por diante, de um século a outro.

Nada mais expressivo do susto causado por Tolentino do que certo trecho de um artigo de Francisco Otaviano, publicado no dia 16 de dezembro de 1858 no *Correio Mercantil* e transcrito por Joaquim Nabuco em *Um estadista do Império* (1. ed., v. 2, p. 31). Otaviano critica o Gabinete demissionário do marquês de Olinda e diz, entre outros conselhos aos novos ministros do recém-formado Gabinete presidido pelo visconde de Abaeté:

> Deixem que a presidência do Rio seja livre, como as outras; não a abafem com imposições, não a tornem roda de enjeitados, não patrocinem esbanjamentos de dinheiros.

No contexto dos acontecimentos descritos aqui, isto queria provavelmente dizer o seguinte: "não queiram impor reformas intempestivas; nomeiem presidente alguém 'de dentro', para atuar segundo as regras, não um sapo como este, que causou tantos problemas, funcionário politicamente sem nome nem tradição (enjeitado), mero executor de tarefas encomendadas que redundaram em despesas inúteis".

Ora, nem no aceso dos ataques os deputados tinham considerado Tolentino um pau-mandado, porque sentiram que, se estava cumprindo determinação do Governo, era à sua maneira, e esta, como vimos, foi tão pessoal que causou apreensão ao próprio Olinda. Tanto assim que nem o Gabinete presidido por este, nem o do seu sucessor Abaeté fizeram coisa alguma para preservar o que ele estabelecera e começara a executar, e que a Assembleia Provincial logo derrubou. Na verdade, liberais ou conservadores, os políticos se escandalizaram com as inovações que podiam lhes abalar o coreto.

Talvez o balanço de tudo possa ser feito através do artigo publicado no *Jornal do Commercio* de 28 de agosto por alguém que se assinava "Constante leitor" e, sendo notoriamente adversário de Tolentino, encarava a situação com objetiva frieza. Comentando a nota de Paranhos, publicada no dia anterior, lamentava (com alguma ironia em relação a este) que Tolentino não tivesse sido defendido pelos amigos na sessão da Câmara, pois merecia defesa, excetuados o ato extremo do adiamento e a capacidade para a presidência. Dizia que ninguém duvidava da sua inteligência, zelo e honestidade, e que tinha todas as qualidades para ser bom funcionário do Tesouro ou desempenhar qualquer outra função burocrática, mas não para governar províncias, como tinha provado a sua "infeliz administração".

É verdade por um lado; mas não o lado que o articulista apontou. Como administrador Tolentino se saiu bem nas duas vezes que exerceu a presidência, tendo sido até o fim de 1857 não só apoiado, mas festejado pelos futuros adversários. O problema, como vimos, se deveu a um conflito de mentalidades e sistemas — o burocrata não aderindo às malícias e conveniências do jogo político, os políticos considerando perigo mortal a sua decisão de levar a reforma a sério, para pôr o serviço público em ordem. Isto só poderia ter sido feito, em princípio, por um político de grande prestígio e apoio sólido, capaz de arrostar a pressão dos interesses, o que não era o seu caso.

A respeito, é curiosa a acusação de "tibieza" em torno da qual Saldanha Marinho ordenou o seu brilhante e venenoso libelo. Como sugeria o referido A., no primeiro artigo da série de seis em que defendeu Tolentino, era estranho chamar tíbio a um homem que havia feito e começado a executar uma reforma daquelas; que contemporizara em algumas medidas, porque não era intransigente, mas não atendera aos interesses nas nomeações; que falara à Assembleia com uma franqueza rara, tentando coibir a política de favores — e assim por diante. E nós concluímos que seria o caso de inverter a perspectiva e perguntar: quem era tíbio? O presidente comedido que ousava atacar de frente algumas das mazelas fundamentais do sistema, ou os parlamentares agressivos que no fundo do seu arrebatamento estavam recuando para deixar tudo como antes?

Os artigos de A. e outras manifestações do gênero constituem uma espécie de desagravo para Tolentino. Pelo menos na aparência este não perdeu o apoio ostensivo do Governo, que o manteve contra a Assembleia dentro dos limites possíveis, permitindo uma saída relativamente honrosa. Mas vendo as coisas de hoje, honrosa mesmo para um administrador acoimado de irresoluto e fraco foi a decisão de suspender a Assembleia — retrucando à altura, e mesmo com maior energia, ao ataque achincalhante capitaneado por Saldanha Marinho.

VIII.
Dissabores no "oitavo ministério"

Esse caso rumoroso deve ter esfriado as autoridades em relação ao competente e (segundo os padrões normais) desastrado burocrata, que havia posto o Gabinete em posição delicada, devido a um zelo que redundava no perigoso excesso contra o qual Talleyrand precavia os jovens diplomatas: "*Surtout, pas trop de zèle*". Nada de querer salvar o mundo...

Mas dois anos e pouco depois ele estava de novo em posições de relevo, por influência do imaginário "grupo de Montevidéu". A 2 de março de 1861 instalou-se o segundo Gabinete presidido pelo marquês de Caxias, cujo mentor era o ministro da Fazenda, José Maria da Silva Paranhos. Em julho Tolentino foi nomeado membro do Conselho Fiscal da recém-fundada Caixa Econômica (englobando o já existente Monte de Socorro), que estava em fase de organização desde março e abriria as portas em novembro, sendo presidente o visconde de Albuquerque e vice o de Bonfim. Imediatamente ele foi encarregado de elaborar os modelos de escrituração, cujo projeto apresentou no começo de agosto, antes de ser eleito secretário do Conselho, função que exerceu até 17 de outubro, quando a passou ao veador José Joaquim de Lima e Silva Sobrinho, futuro conde de Tocantins, por ter sido nomeado em 15 desse mês inspetor da Alfândega da Corte (que dirigira interinamente quinze anos antes).[30]

---

30 Dados extraídos do resumo das atas do Conselho Fiscal feito pelo professor Umberto Montano e comunicado por intermédio de d. Mauriceia Silva d'Araújo, da Biblioteca da Caixa Econômica Federal, agência do Rio de Janeiro, a quem agradeço.

A Alfândega, a mais vasta e complexa das repartições do Ministério da Fazenda, com centenas de funcionários, era das maiores fontes de renda do Estado, e considerada tão importante que chamavam à sua administração "o sétimo ministério" e, depois que foi criado em 1860 o da Agricultura, "oitavo". Mas Tolentino aceitou o cargo a contragosto, para servir o amigo Paranhos, pois a Alfândega, pela própria natureza, era um antro famoso de irregularidades e uma causa permanente de graves problemas para os seus dirigentes.

Empossado, verificou o descalabro da repartição, a inviabilidade do regulamento em vigor (de 30 de setembro de 1860), a desídia e corrupção de funcionários desonestos. Oficiou então a Paranhos relatando a situação e foi por ele autorizado a ir procedendo conforme o seu critério, enquanto não havia alteração das normas inviáveis.

Durante a sua administração curta e tumultuada, de pouco mais de um ano, tomou uma série de medidas racionalizadoras e moralizadoras, tentando pôr as coisas em ordem sem violência nem precipitação, como era do seu feitio. Isso, no meio e apesar de uma encrenca tremenda, que rebentou logo depois da posse e quase levou por água abaixo todo o seu lento esforço de vida, desde a vassoura dos anos de 1820.[31]

O caso nasceu da apreensão, em novembro de 1861, de um avultado contrabando de vinhos cujo autor era o espanhol José Romaguera, secretário de legação encarregado de negócios e cônsul do Peru, em caráter honorário, comerciante inescrupuloso e

---

31 O relato dos problemas de Tolentino na Alfândega será feito com base no *Jornal do Commercio* e nos *Anais do Parlamento*, que serão citados, e em três fontes principais, a que só se fará menção expressa nos casos de transcrição: o seu livro *Exposição* etc., op. cit.; o "Diário do imperador d. Pedro II", em *Anuário do Museu Imperial*, Petrópolis, v. XVII, 1956; o *Relatório da Comissão de Inquérito na Alfândega da Corte* etc. Rio de Janeiro: Tipografia Nacional, 1862. (Este último foi comunicado por Sérgio Buarque de Holanda.)

contrabandista notório, cuja expulsão do país seria sugerida a seguir pelo ministro Holanda Cavalcanti. Romaguera tentou o expediente de simular uma reexportação, mas não teve êxito e a mercadoria foi apreendida, cabendo porcentagem da multa prevista na lei ao apreensor, Antônio José de Castro, chefe da Primeira Seção da Alfândega.

Romaguera, inconformado, apelou para o Tribunal do Tesouro, tendo como advogado o ex-presidente do Conselho de Ministros, ex-ministro da Fazenda, ex-inspetor da Alfândega, senador e conselheiro Ângelo Muniz da Silva Ferraz, enquanto Castro entregou a sua causa a outro político famoso, o agora deputado geral Joaquim de Saldanha Marinho.

Como juiz, na qualidade de inspetor da Alfândega, Tolentino presidiu o processo, ouvindo testemunhas a 5 de dezembro de 1861. Em fevereiro de 1862 saiu um folheto assinado por Romaguera, mas certamente escrito por Ferraz, divulgando as suas razões e acusando tanto Saldanha de guiar as decisões do juiz quanto este de ser dócil aos interesses de Castro. Eis o trecho que causaria graves problemas:

> [...] parecia que o juiz tinha desaparecido, e que o acusador e seu advogado o haviam substituído, pois este dispunha de tudo, e quando alguma coisa dependia do juiz, lançavam-se sobre a mesa tiras de papel que insinuavam o que era preciso fazer-se [...] chegando ao ponto do advogado dos recorrentes, estranhando semelhante procedimento, protestar contra ele! (JC, 6 fev. 1862)

Na verdade, nenhum protesto fora feito nos autos, embora Ferraz tenha dito que o fizera verbalmente. Pelo "Diário" do imperador, vemos que a opinião mais ou menos generalizada era de que Tolentino fora honesto mas pouco enérgico, permitindo vantagens excessivas a Castro, o que explica a ira de Romaguera e seu defensor. Deve-se levar em conta que Tolentino sabia ter pela frente, de um lado, um funcionário conhecido (Castro); de outro, um refinado e notório patife (Romaguera); e mais, que se tratava realmente de um delito fiscal, que Ferraz procurava encobrir, mas ficou evidenciado escandalosamente alguns meses depois, quando um ex-caixeiro de Romaguera, Bittencourt Amarante, veio à imprensa confessar minuciosamente, com cinismo pitoresco e deslavado, toda a história do contrabando, inclusive a tentativa de reexportação fictícia, a seu cargo.[32] É preciso ainda ponderar que, sendo Saldanha Marinho seu desafeto desde o conflito na Assembleia Legislativa do Rio em 1858, Tolentino pode ter agido com benevolência em relação à causa que ele defendia, para não parecer movido pelo ressentimento. Finalmente, quem ganha acha que devia ser assim mesmo, enquanto quem perde acha o contrário.

Quando apareceu o folheto, Saldanha e Tolentino, ambos indignados, negaram a veracidade das afirmações de Romaguera e apelaram cada um do seu lado para Ferraz; o primeiro, sugerindo, e o segundo pedindo que restabelecesse a verdade. Mas Ferraz, ao contrário, confirmou as imputações com firmeza numa carta a Romaguera, e noutra a Tolentino (JC, 6 e 7 fev. 1862).

No dia 8 de fevereiro, Saldanha vem a público em tom de grande violência, atacando diretamente Ferraz, a quem acusava de "falso testemunho", "mentira deslavada", "aleivosia vil", a fim de auferir um "lucro sórdido". Ao mesmo tempo defendia Tolentino, informando que não poderia ter havido conluio entre ambos, porque tinham relações cortadas desde que, como deputado provincial, fizera "enérgica oposição aos seus atos", quando ele fora presidente do Rio de Janeiro. E diz: "Sem ser amigo do Sr. conselheiro Tolentino, respeito todavia o seu caráter, a sua probidade e honradez" (JC, 8 fev. 1862).

---

32 O relato minucioso e movimentado de José Bittencourt Amarante foi publicado no JC, 25 jul. 1862, e transcrito no citado *Relatório da Repartição* etc., pp. 14-22 (ver Apêndice III).

Tolentino, como que espicaçado por esta defesa, publica no dia seguinte uma carta da mais imprudente agressividade, terminando assim:

> Só deploro que no meu país chegasse a ser senador do Império, guarda-roupa de Sua Majestade o Imperador, presidente do conselho, um homem tão abjeto; porque para mim, digo-lho bem em face, com o sentimento do mais profundo desprezo, é V.Exa., Sr. conselheiro Ângelo Muniz da Silva Ferraz, UM MISERÁVEL! (JC, 9 fev. 1862)

Embora Tolentino possuísse temperamento forte, a única explicação para semelhante desatino, que iria inclusive firmar nos estribos um contendor que vinha caindo pelo arreio abaixo, é uma espécie de pânico interior, seguido de explosão, no homem que, tendo conquistado dificilmente a respeitabilidade burguesa, guardava no íntimo a insegurança das origens sociais humildes. ("O que irão pensar de mim?") Mais tarde, dirá, como se lê no "Diário" do imperador, que tinha "perdido a cabeça" e não tivera o cuidado de consultar seu prudente amigo Paranhos.

Ferraz, que estava a princípio na posição difícil de advogado dum delinquente notório, e precisava reagir às palavras extremas do temível Saldanha Marinho em sua dura carta, deve ter visto aí a fresta da esperança. Num golpe hábil, freou o seu habitual rompante e agiu com serenidade estratégica. Podia ser destrambelhado, mas mostrou que era também esperto e que, ao contrário da quadrinha que procurava caracterizar a sua explosividade, quando era preciso sabia o que dizer e o que fazer.[33]

---

33 "De gênio impetuoso e desabrido, a pessoa de Ferraz era alvo de ataques e de epigramas de seus adversários políticos. Tomando por objeto o seu nome, Ângelo Muniz da Silva Ferraz, diziam: "Ângelo Muniz — não sabe o que diz; — da Silva Ferraz — não sabe o que faz". Heitor Lyra, *História de Pedro II*. Nova edição, 3 v. São Paulo: Editora da USP; Belo Horizonte: Itatiaia, 1977, v. I, p. 316.

Deixando sem resposta o adversário perigoso, Saldanha Marinho, parlamentar eloquente e combativo, político de prestígio, diretor de um jornal importante, o *Diário do Rio de Janeiro*, circunscreveu habilmente o campo ao desastrado inspetor da Alfândega, criando com mão de mestre condições perfeitas para um processo de injúria que lhe moveu, com todos os trunfos na mão, passando decididamente a malho, de bigorna que ia sendo, tudo graças ao desmando para ele providencial de Tolentino.

A sua perfeita resposta se resume no seguinte: vejam a violência desse funcionário! Eu apenas disse, como acho, que foi envolvido pela parte, e ele, que é juiz neste caso, mostra não ter serenidade para julgar. Eu poderia, descendo ao mesmo nível de grosseria plebeia em que ele se colocou, injuriá-lo também, e nesse caso "a vitória não seria duvidosa sobre um contendor tão vulnerável" (insinuação pesada aos boatos sobre o nascimento supostamente irregular). Em vez disso, entrego a decisão à justiça, para receber o desagravo do que sofri "por amor da verdade". No fim, agradece aos que o teriam aconselhado e foram, quem sabe, os freios do seu conhecido temperamento explosivo (JC, 10 fev. 1862. Ver Apêndice III).

Que Ferraz estava fazendo um esforço duro sobre esse temperamento, vê-se numa informação do "Diário" do imperador, segundo a qual ele manifestara de início a intenção de fazer testamento, matar Tolentino e se suicidar em seguida.

Na opinião de Pedro II e dos políticos que consultou, Ferraz fora culpado do incidente, com a agravante de patrocinar a causa de um contrabandista empedernido; mas, de outro lado, achavam que Tolentino se excedera de tal modo no revide, que ficava passível de pena, quando a solução correta teria sido processar Ferraz por calúnia, pois este o acusara de parcialidade e de servir os interesses de Castro.

Um artigo do *Correio da Tarde* tomou o lado de Ferraz, mas estranhou, muito justificadamente, que ele não tivesse chamado também Saldanha à responsabilidade, pois esta omissão poderia afetar a opinião pública, até o momento a seu favor. Ora, como vimos, a habilidade consistiu justamente em esquecer o aguerrido, poderoso Saldanha, aproveitando o mau jeito de Tolentino para desviar a questão no rumo do contendor mais fraco.

O *Jornal do Commercio* respondeu que não era verdade estar a opinião a favor de Ferraz, pois quem tinha razão era Tolentino, que sem dúvida exorbitara lamentavelmente, mas em defesa da honra, questionada pela primeira vez. E que ele estava resguardando a Fazenda Nacional contra Romaguera, enquanto Ferraz tinha agredido a "moralidade pública, pondo-se à testa e defendendo freneticamente um contrabando escandaloso" (JC, 16 fev. 1862).

O processo teve altos e baixos, mas caminhou para o desfecho natural. Quando ficou evidente que Ferraz teria ganho de causa e tencionava perdoar, Tolentino pediu ao imperador que exercesse em seu benefício o direito de graça, para não sofrer a humilhação da eventual generosidade do contendor; e neste sentido apelou também para os bons ofícios do novo presidente do Conselho marquês de Olinda (Gabinete de 30 de maio de 1862), a quem escreveu:

Receio muito o *generoso perdão* do meu adversário; isso me desgostaria profundamente. Já o havia prevenido a S.M. O Imperador, pedindo-lhe licença para impetrar d'Ela graça.

E pede a Olinda

sua valiosa recomendação ao Sr. ministro da Justiça, a fim de que S.Exa., assim pessoalmente prevenido, se sirva exigir da sua

Secretaria toda a rapidez no andamento da petição de graça logo que, na terça-feira lhe seja ela apresentada, para poder incontinenti ser submetida.[34]

Mas o imperador lhe fez ver que só depois da sentença caberia o ato solicitado; e Tolentino, condenado em setembro a dois meses de prisão, teve de tragar ainda por cima a longanimidade de Ferraz, que de fato perdoou, seja porque no intervalo ficara pública a maroteira do seu constituinte, seja porque era sabidamente magnânimo e capaz de gestos de grandeza. Provavelmente pelos dois motivos.

---

34 Ms. IH. *Coleção Marquês de Olinda*, Lata 207, Doc. 42. O ministro da Justiça era Cansanção de Sinimbu.

IX.
A sindicância

Antes disso, tinham surgido outros problemas. Num discurso vigoroso, Saldanha Marinho criticou na sessão de 16 de junho de 1862 na Câmara dos Deputados vários aspectos da atuação do gabinete recém-caído de 2 de março de 1861, carregando a dose no tocante à Alfândega, onde apontou irregularidades diversas, ressalvando porém que "nem de leve pretendo ferir o caráter dos cavalheiros que ali têm servido de inspetores. Eles têm sido vítimas de sua boa-fé, mas têm sido altamente enganados". Neste sentido citou nominalmente os ex-inspetores Ferraz e Saião Lobato, censurando todavia a este por não ter aplicado o regulamento relativo às fianças prestadas pelos encarregados dos depósitos. Presente como deputado, Saião Lobato alegou dificuldade na aplicação, mas Saldanha retrucou lembrando que o atual inspetor, Tolentino, o tinha aplicado com o devido rigor em dada circunstância, para resguardar a Fazenda Pública.[35]

O novo ministro da Fazenda, Holanda Cavalcanti, agora visconde de Albuquerque, mandou averiguar oficialmente, e o relatório do funcionário encarregado, José Maurício Fernandes Pereira de Barros, confirmou em geral as acusações,

---

35 *Anais do Parlamento Brasileiro. Câmara dos Senhores Deputados. Segundo ano da undécima legislatura.* Sessão de 1862. Rio de Janeiro: Tipografia Nacional e Constitucional de J. Villeneuve & C., t. 2, p. 130.

indicando a conveniência de maior severidade por parte dos dirigentes da Alfândega (*Relatório da Comissão*, op. cit., pp. 5-13). Mas a 25 de julho Saldanha Marinho voltou à carga, trazendo ao conhecimento da Câmara fatos ainda mais graves, que mostravam naquela repartição aspectos de verdadeiro descalabro. Ressaltou novamente a honestidade indiscutível dos inspetores, e a de Tolentino em particular, lembrando que não lhe cabia culpa de nada por estar no cargo fazia pouco tempo, e que justamente por ser honesto ele se via a braços com a perseguição montada por um contraventor (processo Ferraz) (ibid., p. 30).

É preciso informar que o combativo político não estava agindo apenas por interesse público, mas também porque era advogado do cidadão francês Lacroix, que tentara passar joias de contrabando e sofrera em consequência apreensão das mesmas, em outubro de 1861, antes da gestão de Tolentino. Algumas deveriam ir a leilão conforme a lei, mas desapareceram, talvez subtraídas por funcionários desonestos ou com a conivência deles (ibid., pp. 6-7). Além do mais, Lacroix entendia que a multa devida ao apreensor, conferente da Alfândega, fora calculada com exagero, e por isso recorreu ao Tribunal do Tesouro em fevereiro de 1862. Daí em parte o zelo severo que levou Saldanha Marinho, seu advogado, a investigar como iam as coisas na repartição envolvida.

A gravidade das denúncias, mais o longo e já citado artigo publicado no *Jornal do Commercio* do mesmo dia 25 de julho por Amarante, narrando sem deixar sombra de dúvida a falcatrua de Romaguera e as conivências dentro da Alfândega, levaram o visconde de Albuquerque a nomear para esta uma comissão de sindicância, composta pelo conselheiro Francisco de Sales Torres Homem, presidente, o deputado Teófilo Benedito Ottoni e o contador do Tesouro, substituto de Tolentino neste cargo, Rafael Arcanjo Galvão, que foi certamente o relator (ibid., p. 33). Logo a seguir Torres Homem pediu dispensa, ficando os outros dois.

Como no caso da Assembleia Provincial do Rio de Janeiro, a corda arrebentaria do lado de Tolentino. A Comissão registrou falhas mais ou menos graves, que vinham de longe, apontou funcionários desleais e, embora não fizesse qualquer restrição à honestidade do inspetor, e mesmo ressaltasse a sua dignidade pessoal, estranhou que não tivesse indicado os nomes daqueles nem efetuado as punições cabíveis, o que o tornava passível da mesma censura que devia ser feita aos predecessores: "excessiva brandura e tibieza em relação aos seus subalternos" (ibid., pp. 104-105).

Ora, este juízo não corresponde inteiramente à verdade dos fatos, pois além do brado de alerta ao ministro Paranhos, já citado, Tolentino havia mandado ao seu sucessor, visconde de Albuquerque, um vibrante e desencantado relatório confidencial, que a Comissão não apenas conhecia, mas retomara ponto por ponto, usando-o como roteiro. Nele, o inspetor enumerava as irregularidades, analisava e criticava com ênfase o sistema das nomeações por proteção política, que inibia a administração com o peso morto dos apadrinhados ineptos, corruptos e quase sempre acobertados contra qualquer medida disciplinar pela força dos padrinhos (reproduzido em *Relatório da Comissão*, pp. 35-40). Apesar disso, como funcionário disciplinado, não reagiu na hora àquela conclusão restritiva a seu respeito.

Anteriormente, no começo da briga com Ferraz, tinha pedido demissão, que não foi aceita; depois do relatório da Comissão, ela lhe foi sugerida pelo Governo como saída honrosa, inculcada pelo imperador, que não o queria "confundir com os prevaricadores" a serem demitidos de maneira sumária. Naturalmente por estar certo de sua própria correção, e para não abandonar alguns dos subordinados punidos, cuja inocência lhe parecia indubitável, como depois se reconheceu efetivamente, Tolentino recusou exonerar-se desta vez e forçou o Governo a assumir o ônus da eventual injustiça. Foi então demitido na tarde do dia 20 de novembro de 1862; de manhã, o ministro lhe tinha garantido que ia permanecer no cargo.

No livro em que se justifica, aludiu a uma possível determinação superior que transcendeu a vontade do Governo; hoje sabemos, pela publicação do "Diário" do imperador, que de fato foi este que exigiu a sua exoneração e forçou a hesitação do ministro da Fazenda, visconde de Albuquerque, que ora partilhava a sua opinião, ora reputava indispensáveis os serviços do inspetor. Por uma rara coincidência, era a segunda vez que o demitia do mesmo cargo, com dezesseis anos de permeio.

A demissão pareceu injusta a Caxias e Paranhos, respectivamente presidente do Conselho e ministro da Fazenda no começo da questão, os quais faziam ver tempos depois ao imperador que houvera "precipitação" da Comissão. Paranhos estava bem situado para avaliar a conjuntura, porque, segundo o visconde de Taunay, costumava ser alvo da mesma censura que feria o seu amigo: tibieza.[36] Tolentino escreveu que apesar da Comissão e do Governo terem reconhecido a sua honestidade, o fato de o terem demitido junto com funcionários desonestos lançava uma confusão desagradável na opinião pública. O corpo de comerciantes do Rio lhe deu apoio completo em representação escrita, lamentando o ato do Governo e louvando a sua competência, probidade e cortesia. Este documento fora sugerido por uma petição da categoria com numerosas assinaturas, a primeira das quais era de Irineu Evangelista de Sousa, na época barão de Mauá.

Alguns meses depois Tolentino publicou um livro fundamentado e bem escrito, já referido na nota 7, que dedicou a

---

36 Visconde de Taunay, *Reminiscências*. 3. ed. São Paulo: Melhoramentos, 1923, p. 31.

Caxias e Paranhos, "como testemunho de dever, deferência e estima", no qual explicou a sua posição e as distorções da Comissão. Nele é interessante a combinação de intransigência e medida, pois sob as fórmulas atenuantes o tom é incisivo, frequentemente duro, não faltando uma nítida censura ao próprio imperador. Os documentos e argumentos mostram a correção da sua conduta num contexto de descalabro endêmico, bem como a precipitação e os erros da Comissão, que motivaram atos injustos do Governo; e lhe permitem concluir com um ataque direto a ela e ao já então ex-ministro da Fazenda visconde de Albuquerque, que segundo ele teria inclusive agido com tolerância interessada num caso análogo referente à sua província de Pernambuco:

> À vista pois de quanto fica assim recapitulado, parece natural concluir que um trabalho organizado de tantos elementos discordes da verdade legal, da verdade prática, da verdade dos fatos, entressachado de tantos equívocos, inexatidões e preconceitos, não podia determinar com segurança um juízo refletido sobre que se resolvesse um ato necessário, justo e conveniente: o procedimento que em tão falazes fundamentos assentasse pecaria por precipitado e iníquo.
>
> No entretanto foi em um relatório construído de semelhantes materiais que o Sr. ex-ministro da Fazenda baseou o seu ato de transcendente gravidade, pela prevaricação que revelava existir na Alfândega da Corte, pelo desar que irrogava aos empregados removidos, pelo labéu que inflige aos demitidos, além da nódoa não menos ignominiosa, com que manchava a reputação dos despachantes e caixeiros expulsos, e quiçá das casas que a estes últimos haviam afiançado. O ato era, sem contestação, de suma gravidade; infelizmente foi ele praticado com atropelo censurável, e clama a justiça que o governo imperial devidamente o reconsidere a fim de corrigir-lhe os iníquos excessos.

Para o Sr. ex-ministro da Fazenda esse relatório foi uma verdade de intuição; uma sentença de que não havia apelação; registrada apenas na sua chancelaria, mandou-o S.Exa. cumprir sem o devido critério e reflexão.

No entanto, o mesmo não praticou a respeito do inquérito da alfândega de Pernambuco, anteriormente feito, a cuja exposição reservada se não deram as honras da publicidade. A que se deve isto atribuir? (Op. cit., pp. 93-94)

A certa altura do livro, é curiosa a sua atitude realista com relação à perenidade dos abusos e à impossibilidade de acabar com o contrabando, inclusive devido às nomeações de funcionários pelo escandaloso critério do apadrinhamento, gerando uma docilidade aos interesses políticos e econômicos que corroía a probidade administrativa. Sob este aspecto, os relatórios de Tolentino são um documento lúcido sobre o patronato e como tal vêm citados e comentados por Sérgio Buarque de Holanda.[37]

Os burocratas realmente habilitados deviam ressentir, como se vê nesses relatórios, a presença dos penetras sem qualificação funcional, nomeados por mero pistolão e desmoralizando a carreira. Num discurso em que discute o problema das aposentadorias por tempo de serviço, o deputado pelo Amazonas Ângelo Tomás do Amaral fala dos sacrifícios a que está submetido o funcionário, inclusive as "injustiças, as preterições e os desgostos a que os expõem os filhos do patronato" (*Anais do Parlamento*, t. 2, p. 219).

Mas, além do patronato, a análise de Tolentino sobre as causas da lamentável situação na Alfândega vai até às condições gerais, isto é, à sociedade brasileira. O visconde de Albuquerque dissera certa vez que "o Estado é a peste". Não,

---

37 Sérgio Buarque de Holanda, *O Brasil Monárquico*. V. 5: "Do Império à República". São Paulo: Difel, 1972, pp. 89-90.

corrige o inspetor: se o Estado é reflexo da sociedade, esta é que é a peste. Sem entrar em pormenores, apenas sugerindo, refere-se a ela de maneira a compreendermos que, segundo ele, a sua má composição, os maus hábitos que nela predominam, explicam os males sociais. Insiste na falta de moralidade das "camadas baixas", nas quais se recrutavam os funcionários subalternos, e traça um quadro de tal maneira sombrio que a Comissão o repeliu depois com certa irritação, como se o liberal Teófilo Ottoni reagisse contra esse desabafo de pessimismo tão caracteristicamente conservador, sintomático num self-made man; contra esse excessivo desprezo pelo que o próprio Ottoni, aliás, chamava a "turba" na famosa Circular, opondo-a à "gente de gravata lavada", que segundo ele deveria ser protagonista da democracia.

Um traço que pode ser considerado *moderno* em face das concepções da época (na qual empreendimentos econômicos ousados, como os de Mauá, acabaram mal, devido à pouca receptividade de governos e políticos condicionados pela visão agrária das suas bases eleitorais) é a concepção de Tolentino sobre o comércio e o papel que deveria desempenhar na sociedade. Com efeito, ao fazerem verdadeiro ditirambo ao inspetor, os comerciantes fluminenses (não se dizia mais, nem ainda de novo, cariocas) retribuíram o apreço deste, fanático da missão social do comércio, como se vê num trecho de nítido corte burguês do seu livro, no qual lamenta que os comerciantes se intimidassem como se ainda fossem uma corporação sem papel no governo, confinando-se à esfera profissional, quando deveriam atuar na vida política e social em proporção à importância do seu papel, que descreve assim:

O exercício que tive do lugar de inspetor da Alfândega da Corte em 1846 e 1862, valendo-me ambas as vezes o lisonjeiro testemunho do respeitável corpo comercial desta praça, a que me conservarei sempre agradecido, deu-me também ocasião de apreciá-lo e de avaliar as qualidades que o caracterizam.

Submisso à lei, resignado para com todos os gravames que ela legitima, só pede imparcialidade na execução, urbanidade no executor; revolta-o a injustiça; dói-lhe a aspereza; mas raro formula às autoridades as queixas do que sofre. Restringindo-se a um círculo de demasiada passividade, talvez se despoja do quinhão de influência que na partilha das posições incontestavelmente cabe à sua.

Será isso influxo tradicional de outras épocas, ou concentração exclusiva de todas as suas faculdades na esfera de ação puramente mercantil, de que entende exorbitar indo depor também o seu voto nos comícios da opinião?

Paz, liberdade e justiça, eis os elementos sobre que o comércio, principal apóstolo da civilização, se desenvolve, se estende e faz suas pacíficas conquistas, tendo por auxiliares no duplo empenho de dar luz e riqueza ao mundo, a imprensa, o vapor e a eletricidade.

A bordo do navio expedicionário, sob o invólucro, e por entre as dobras da mercadoria exportada, lá vai a ideia, disseminada na guarnição, envolvida no estofo, aderente ao artefato; lá aporta a remotas praias, e aí se difunde nos múltiplos e variados contatos e relações que a permuta gera; insinua-se na conversação; passa da mercadoria ao mercador; revela-se na praça; introduz-se na família, e infiltrando-se em todos os ânimos, acaba por operar essa conquista da inteligência, que, como a água procurando o seu nível, deve trazer às gerações futuras a equiponderância intelectual no cruzamento dos homens e das ideias.

E se é ao comércio, considerado como agente civilizador, a quem está confiada tão transcendente missão, não será demasia encarecer-lhe a importância, e fazer votos por que entre nós ele tome o lugar que lhe é assinalado na grande obra da prosperidade nacional. (Op. cit., pp. 99-100)

É muito instrutiva toda essa história das mazelas da Alfândega, reveladora inclusive das variações, e das avaliações da conduta segundo a categoria. No alto, o conselheiro inspetor, o seu adjunto, o guarda-mor e seu auxiliar, elogiados e respeitados pelos comerciantes abonados e respeitáveis; abaixo, os chefes de seção, os oficiais, os primeiros escriturários; por fim, os escriturários menores, conferentes, fiéis, guardas, vigias, quase todos bloqueados para sempre na sua condição mesquinha (quando não eram filhos-famílias que iam apenas assinar o ponto e embolsar o dinheiro do "bico"). Eles eram, segundo a Comissão, a "ínfima classe", os indivíduos aos quais, para Saldanha Marinho, "falece cuidado e educação moral"; no dizer de Tolentino, "recrutados em geral nas classes ínfimas da sociedade"... "ignorantes ou desleixados, viciosos ou famintos cerram os olhos, ou estendem a mão protetora ao contrabando". Poucos viam que a "sua vacilante moralidade" (o conceito é de Tolentino) era pelo menos em parte função dos salários de fome, como reconhece Saldanha Marinho: "o ordenado que a Nação paga a esses empregados, força é confessar, é insuficiente para que eles façam face às necessidades mais urgentes". Daí se tornarem presa fácil dos comerciantes interessados em contornar o pagamento dos direitos; daí se articularem com os despachantes corruptores, dissolvendo inteiramente na prática a rigidez formal dos regulamentos por meio de toda a sorte de transgressões: adulteração de escrita, desvio de mercadorias, substituições, contrabando em terra, roubo puro e simples. Tudo, naturalmente, sabido e arquissabido pelos sucessivos inspetores, "cavalheiros, cada um dos quais está acima de qualquer sombra de suspeita quanto à sua honestidade", como diz a Comissão. Tudo sabido por Saldanha Marinho, Ottoni, Mauá, os ministros. E todos impotentes, porque o próprio regime se baseava no favor, na clientela e no aproveitamento, que mudavam de nome e de avaliação moral conforme o nível social e econômico em que era praticado. E de certo nível para baixo a moral corria, mais do que nos escalões superiores, o risco de ser minada pela surda necessidade da fome, que, já dizia François Villon, faz a gente errar e o lobo sair do mato.

A narrativa tranquilamente cínica de Bittencourt, mandatário das falcatruas de Romaguera, é pitoresca e colorida. As idas e vindas, do trapiche ao armazém, do armazém à ilha, da ilha ao navio, do navio à loja, e as manobras descobertas, os cochichos, os olhares de soslaio, os encontros nos becos, as combinações entre comerciantes, despachantes e funcionários corruptos, constituem uma espécie de capítulo à Eugène Sue de algum romance imaginário que se poderia intitular *Mistérios do Rio*, parecido com o que Teixeira e Sousa tentou em *As tardes de um pintor*.[38]

Esse caso da Alfândega, da eternamente corrupta Alfândega, que estourou nas mãos de Tolentino, vale como radiografia da administração pública e da vinculação da honradez burguesa a toda a sorte de transgressões, que, se não caracterizam cada indivíduo, definem em geral os mores complexos das classes. Assim, Ferraz reforma a Alfândega e ataca energicamente a corrupção, mas aceita a causa de um contrabandista deslavado, que estava lesando... a Alfândega. Assim, Saldanha Marinho desencadeia uma tempestade que põe a nu as irregularidades daquela repartição — porque está defendendo o autor de um contrabando... Isto para não falar nas escalas supremas, onde a conotação moral se evapora, como as da política exterior de Paulino ou Honório em relação ao Uruguai, que acaba parecendo ponta de lança para os negócios de Mauá.

Com esse caso, era a segunda vez que Tolentino se via atrapalhado nas malhas da política; como da primeira, conseguiu emergir de reputação intacta, mas, agora, com a carreira abalada. Até certa altura da crise, uma das preocupações do Gabinete e do próprio imperador era dar-lhe como compensação

---

38 Ver Apêndice III.

outro lugar. O visconde de Albuquerque sugeriu uma presidência de província, que o imperador acabou achando inviável depois que o relatório da Comissão de Inquérito concluiu que o inspetor era passível de censura por falta de rigor. E pouco antes do desfecho do caso, em novembro de 1862, o marquês de Abrantes, ministro de Estrangeiros do novo Gabinete Olinda, aconselhando que se mandasse uma missão econômica à Argentina a fim de regular a dívida com o Brasil, propôs para chefiá-la o nome de Tolentino, que já tinha trabalhado em circunstância parecida no Uruguai. O imperador achou que a coisa ficaria dispendiosa e não concordou.

O caso da sindicância na Alfândega mostra como este sabia impor a vontade quando entrava em jogo o seu senso de decoro e o desejo de moralizar e dar eficácia ao serviço público. Nessas ocorrências rumorosas ele não costumava transigir — e Sérgio Buarque de Holanda comenta com certa malícia que só nelas, porque no geral deixava correr o marfim das irregularidades (op. cit., p. 90). Já Heitor Lyra, biógrafo bastante apologético, diz que

> o Imperador era de uma intransigência irredutível sempre que se tratava de isolar a política ou a administração pública de todo interesse que não fosse propriamente o do país. Nisto o seu espírito de moralidade era insuperável. [...] Sempre que um fato menos justificável lhe vinha ao conhecimento, ele não hesitava em punir o responsável com os recursos que lhe dava a lei. (Op. cit., v. 2. p. 268)

Seja como for, o certo é que exigiu com severidade a demissão do inspetor que lhe parecia correto, mas pouco enérgico, apesar deste ser apoiado por figurões como Caxias e Paranhos, além de Mauá e o alto comércio do Rio.

X.
Ostracismo e retorno

Como balanço pessoal, imagine-se a amargura e a humilhação de um homem comedido que se desmanda, é condenado e perdoado pelo inimigo; de um homem discreto transformado em assunto do noticiário sensacionalista; de um funcionário honesto, competente, misturado com malandros e irresponsáveis; de um cidadão disciplinado que as circunstâncias levam a escrever coisas duras sobre os superiores.

A missão do Uruguai fora um êxito que o levou à presidência do Rio de Janeiro. Exercida com notória capacidade administrativa, apesar da desadaptação política que levou ao conflito com a Assembleia, ela não impediu a nomeação para a Alfândega. Tal encadeamento é uma progressão significativa, que o poderia ter mantido nas altas posições; basta lembrar quem ocupou tais cargos naquela época, antes e depois dele, isto é, a nata política e administrativa do Império. No entanto, os acontecimentos de 1862 o jogaram no ostracismo, pois a partir dessa data não recebe honraria, cargo ou comissão durante quase dez anos. Tendo irritado o imperador, enfrentado políticos poderosos, além de deixar a impressão de que podia oscilar entre a excessiva tolerância e a extrema agressividade, numa espécie de reincidência da atitude para com a Assembleia fluminense, Tolentino passara com certeza a ser considerado incômodo e era um homem com chumbo na asa. Ao contrário de Saldanha Marinho, não tinha força política para dizer impunemente o que disse a um estadista da eminência de Ferraz.

Nesse período em que ficou marginalizado, a sua vida particular teve altos e baixos. Em 1864, por exemplo, perdeu bastante dinheiro na falência do Banco Souto, de onde, apesar de advertido, não quisera retirá-lo por solidariedade ao proprietário, amigo e ex-colega no Conselho da Caixa Econômica. Como compensação, mais ou menos pela mesma altura pôde testar de maneira positiva a sua posição social, pelo casamento da mais velha de suas filhas reconhecidas, Adelaide, com um rapaz "de boa família", José Antonio de Araújo Filgueiras Júnior, carioca formado na Faculdade de Direito de Recife em 1861, que faria carreira distinta como advogado, magistrado, deputado provincial e autor de obras jurídicas. Viúvo em 1871, Filgueiras casou com a cunhada, Josefina, tornando-se deste modo duas vezes genro de Tolentino.[39]

A partir de 1871 as coisas começaram a mudar visivelmente e ele entrou numa fase, que iria até a morte, na qual se vê que tinha recuperado a confiança e a consideração dos poderes públicos, começando por ser nomeado, naquele ano, para o Conselho Fiscal da Caixa Econômica, isto é, a mesma função exercida de 1861 a 1862. Significativamente, isto coincide com a presença na presidência do Conselho de Ministros dos seus amigos e patronos Paranhos, já visconde do Rio Branco (Gabinete de 7 de março, que durou de 1871 a 1875), e Caxias (Gabinete de 25 de junho, de 1875 a 1878). Lembre-se que ambos tinham ficado ao seu lado nos maus momentos.

---

39 Filgueiras pertencia a uma família de industriais, proprietários da fábrica de tecidos Santo Aleixo, fundada no Rio em 1827 por um norte-americano e vendida em 1847 a José Antônio de Araújo Filgueiras e seus filhos, um dos quais foi o genro de Tolentino. Ver Edgard Carone, "Os primórdios do movimento operário no Brasil". Caderno especial da revista *Princípios e Debate Sindical*, p. 7, [1996].

Em 28 de dezembro de 1872 recebeu uma prova de prestígio e consideração do mais alto nível, sem dúvida a maior de toda a carreira, que deve ter tido muito de reparação moral pelas injustiças sofridas: a promoção na Ordem da Rosa, de oficial que era a grande dignitário, por decreto assinado pelo imperador e o ministro do Império João Alfredo Correia de Oliveira (escudeiro fiel de Paranhos), "atendendo aos relevantes serviços prestados ao Estado pelo conselheiro Antônio Nicolau Tolentino".[40]

Para avaliar a importância deste ato governamental, é preciso saber que os três graus inferiores da Ordem da Rosa (cavaleiro, oficial, comendador) eram concedidos em número ilimitado, havendo milhares deles pelo país; mas os três superiores eram incrivelmente restritos: apenas 32 dignitários, dezesseis grandes dignitários, oito grã-cruzes.

Em 1874 Tolentino presidiu uma comissão nomeada para inspecionar as condições carcerárias do Rio de Janeiro, cujos outros membros eram o segundo visconde de Jaguari (conselheiro José Ildefonso de Sousa Ramos), André Augusto de Pádua Fleury e José Augusto Nascentes Pinto, divulgando-se os resultados num *Relatório da Comissão Inspetora da Casa de Correção da Corte*.

Mais do que a presidência do Rio de Janeiro, este encargo escapava aos temas da sua carreira, feita quase toda na esfera do Ministério da Fazenda. Escaparia mais ainda o cargo para que foi nomeado no dia 14 de outubro do mesmo ano de 1874 e conservou até pouco antes de morrer: o de diretor da Academia Imperial de Belas Artes e da Pinacoteca (a que estava ligado no momento o Conservatório Dramático e Musical), que exerceu até março de 1888 e se deveu ao fato de ser amador das artes e colecionador de pintura. Quando presidente do

---

40 Ms. AN: Documentos da Seção Histórica, n. 127.

Rio, alguns deputados fizeram troça do fato de haver subvencionado representações teatrais e óperas...

A Academia era um ninho de discórdia, desde as brigas entre franceses e portugueses no tempo do Primeiro Reinado. A situação chegou a tal ponto que o governo resolveu a certa altura indicar diretores alheios à casa, para ver se melhorava a situação. O primeiro, nomeado em 1857, foi o dr. Tomás Gomes dos Santos, que no ano seguinte, segundo vimos, substituiu Tolentino no governo da Província do Rio de Janeiro como vice-presidente em exercício; quando ele morreu, Tolentino o substituiu na Academia. Querendo revigorá-la e pô-la em ordem, Paranhos se lembrou mais uma vez da capacidade do amigo, sobre cuja atuação diz Gonzaga Duque que não conseguiu, como não conseguiram também o antecessor e o sucessor, aplacar as confusões entre os artistas.

> Por falecimento do dr. Tomás Gomes e pelos mesmos motivos, que prevaleceram na sua escolha, (refere-se ao gosto pelas artes) foi nomeado o conselheiro Antônio Nicolau Tolentino, em 1874.
>
> O gênio bondoso, conciliador e o trato delicadíssimo desse conselheiro não conseguiram impedir o progredimento daquelas três pragas, às quais já me referi e que ali entraram com o artista Simplício, pela proteção do Exmo. Sr. Francisco Bento Maria Targini, o nomeado visconde de São Lourenço. Apanhando a morte por sua vez o bondoso conselheiro Tolentino, veio substituí-lo o sr. dr. Ernesto Gomes Moreira Maia. No entanto, nem o dr. Gomes e o conselheiro Tolentino, nem o dr. Maia, tiveram forças ou meios para extinguir as pragas.[41]

41 Gonzaga Duque, "O aranheiro da Escola", em *Contemporâneos*. Rio de Janeiro: Typ. Benedicto de Souza, 1929, p. 216. (As três pragas eram a discórdia, a malquerença e a intriga.) Na verdade, Tolentino pediu demissão em 17 de março de 1888, falecendo a 3 de julho do mesmo ano. Cf. ofício daquela data do seu substituto, ms. do arquivo da Escola Nacional de Belas Artes.

Com o seu constante ânimo reformista, começou deixando claro que a Academia estava em descompasso com o tempo; por isso, propunha numa circular de 18 de janeiro de 1875 que os professores entrassem em ritmo de mudança,

> no interesse do serviço, que temos todos de melhorar, a fim de que esta instituição saia do torpor e atrasamento que tanto a vai alongando do grau de civilização, a que já felizmente havemos atingido.[42]

Do mesmo modo que noutros cargos, tomou medidas indispensáveis que ninguém tomara, desde as mais elementares, como proporcionar maior claridade às salas de trabalho e importar da Europa o gesso necessário às aulas de escultura; e se mostrou impaciente com a irracionalidade burocrática, como denota uma carta ao secretário da Academia, datada de 20 de abril de 1877:

> Parece-me uma moxinifada esta nossa prestação mensal de contas. Contas firmadas pelo Diretor — Contas firmadas pelo Secretário — Contas firmadas pelo Porteiro — E contas de gás só nos documentos avulsos da empresa. Não digiro tudo isto bem, ainda que devo crer haver para tantas contas separadas ordem da Secretaria. Havemos (de) oportunamente pôr a limpo esta questão.

No entanto, do ponto de vista estético era homem de gosto convencional e parece ter atuado na defesa da tradição acadêmica, resistindo aos fermentos de mudança. É o que ressalta da sua atitude em relação a Georg Grimm, o notável alemão que revolucionou o nosso paisagismo e ele tentou em 1881 não contratar como

---

42 Esta circular, o ofício citado na nota anterior e, mais adiante, a carta, o discurso, as alusões a licenças, são transcritos ou referidos a partir de documentos do citado arquivo, localizados, reproduzidos e comunicados gentilmente por Lelia Coelho Frota, a quem agradeço.

professor, alegando a vantagem de se aguardar a volta da Europa de jovens patrícios, segundo ele mais adequados, como Rodolfo Amoedo e Almeida Júnior. Forçado a admiti-lo pelo ministro do Império, em virtude da admiração pública, parece tê-lo tolerado a contragosto e, na primeira oportunidade, em 1884, manobrou para excluí-lo em benefício de Vítor Meireles — com malícia solerte na opinião do estudioso a quem tomo estas informações, baseadas na análise da documentação original.[43] Não seria a primeira nem a última vez que o nacionalismo se fecharia à inovação em nossa cultura. No caso, credite-se a Tolentino o fato de seus preferidos serem gente de categoria pelo menos equivalente ao preterido, embora seja incontestável que este se ajustava melhor à cadeira em jogo: paisagem.

Fato interessante ligado à sua gestão foi, em 1882, a proposta de compra, que afinal se efetuou, de uma fotografia sobre placa esmaltada da primeira versão do quadro *O combate naval de Riachuelo*, de Vítor Meireles, irremediavelmente perdido por deterioração depois de ter figurado na Exposição de Filadélfia de 1876. Ouvida a Congregação da Academia, Tolentino aconselhou a aquisição, mesmo depois de ter recebido de Paris uma carta do artista anunciando a segunda versão, hoje no Museu Histórico.[44]

Nas distribuições anuais de prêmios aos alunos, fazia discursos com o tom pomposo que era de praxe, como o de 20 de dezembro de 1886, no qual não transparece nenhum vislumbre

---

43 Carlos Roberto Maciel Levy, *O grupo Grimm: Paisagismo brasileiro no século XIX*. Rio de Janeiro: Pinakotheke, 1980, pp. 25-26 e 28-31. **44** Donato de Mello Júnior, "Duas preciosas relíquias fotográficas do combate naval de Riachuelo". *Mensário do Arquivo Nacional*, ano IX, n. 1, pp. 7-14, jan. 1978 (comunicado por Alexandre Eulálio). Carlos Rubens dá pormenores sobre a deterioração do quadro, transcrevendo um artigo de jornal de 1879 que atribui parte da culpa à imprevidência da Academia, inclusive do próprio pintor (*Vítor Meireles, sua vida e sua obra*. Rio de Janeiro: Imprensa Nacional, 1945, pp. 55-59).

de sensibilidade artística, mas apenas a visão da arte como trabalho entre os outros no processo da civilização, digno de recompensa por ser uma das manifestações do esforço humano:

> A música, a pintura, a arquitetura, a escultura têm encontrado no meio de vós seletas vocações, intérpretes extremados, que estudando e compreendendo os grandes mestres, elevando-se na contemplação de suas obras portentosas, iluminam-se ao fogo sagrado das cintilações do gênio, produzem, com geral aprazimento, primores de afoitas tentativas, e de rara execução.

E assim foi cumprindo a rotina, com interrupções devidas a problemas de saúde que o levavam a pedir licenças, sobretudo durante o verão, algumas de três meses, e uma delas chegando a abranger quase todo o ano de 1879, de fevereiro a outubro.

Ainda no fecundo ano de 1874 publicou uma das suas melhores contribuições de funcionário empenhado na solução dos problemas do país, mostrando mais uma vez como levava a sério o serviço público e podia, na esfera deste, ter espírito pouco rotineiro, além de independência das opiniões.

Trata-se dum projeto de crédito agrícola, no qual critica com independência as normas estabelecidas a respeito pelo decreto de 10 de julho de 1874, assinado pelo amigo Paranhos, que acumulava as funções de ministro da Fazenda com as de presidente do Conselho. Reconhece que o decreto havia melhorado a situação, antes de usura franca e desalmada, ao fixar o juro em 6% e a amortização em 5%, o que somava 11% ao ano, mais as taxas de serviços. Mas pensa que isto ainda era um peso insuportável para a lavoura e propõe livrá-la dos financiamentos privados, sequiosos de lucro. Com este intuito, sugere um sistema engenhoso de crédito estatal a prazo longo, de dez a 25 anos e meio, graças a títulos hipotecários resgatáveis nas repartições e emitidos por dois bancos oficiais de crédito real, a serem criados, um no Norte, outro no Sul. Acha que só o Estado pode emprestar sem especulação, mostra que ao cabo do prazo não haveria lucro nem prejuízo, e que estaria cumprido um dever social em relação aos principais produtores da riqueza do país. Tudo é explicado com clareza e minúcia, como desdobramento de uma formulação que pode ser considerada a base do projeto:

> Empréstimos a longo prazo, amortizáveis unicamente por meio de uma módica anuidade, que esteja nas forças produtivas da propriedade rural.[45]

Ao escrever este trabalho sobre um problema que nunca seria resolvido, lembrou-se com certeza das suas modestas origens na roça, pois diz:

> Se não tiver ele valia entre os poderosos que mandam e que governam, sobra-me o benévolo acolhimento daqueles em meio de quem tive o berço. (p. III)

Em 1875, no terceiro e último Gabinete Caxias, de 25 de junho, foi pelo ministro da Fazenda barão de Cotegipe (que conforme Joaquim Nabuco era o verdadeiro chefe) nomeado presidente da Caixa Econômica, de cujo Conselho Diretor fazia parte desde 1871. A sua gestão foi a mais longa no regime monárquico, durando cerca de treze anos, até pouco antes de sua morte em 1888, tendo sido quem lançou a pedra fundamental em 1884 e inaugurou posteriormente o primeiro prédio próprio da instituição, na antiga rua D. Manuel. Ele foi, sem dúvida, uma das principais figuras na definição,

---

45 Antônio Nicolau Tolentino, *O auxílio à lavoura: Projeto de solução oferecido aos lavradores do Brasil*. Rio de Janeiro: Leuzinger, 1874, p. II.

organização e funcionamento da Caixa, sobre cujo papel social veremos daqui a pouco as suas ideias.

O presidente, vice-presidente e membros do Conselho da Caixa não recebiam remuneração nem gratificação, mas os seus serviços eram considerados de natureza relevante pela lei de 22 de agosto de 1861, que a criou.[46] Em 1874, quando estabeleceu as congêneres provinciais, o visconde do Rio Branco assinalava a conveniência da diretoria ser composta de figuras importantes no mundo dos negócios, especificando que o presidente deveria ser "pessoa de prestígio, e dedicada ao bem público, porque é dele principalmente que dependerá a boa ou má organização do estabelecimento e seu futuro" (ibid., pp. 36-37).

É interessante notar que Tolentino, embora abastado, não era rico nem homem de negócios, ao contrário da grande maioria dos colegas, entre os quais estiveram alguns dos maiores argentários do tempo, como o barão do Catete, os viscondes de Mauá, Souto e Mesquita, os condes de Itamarati e Tocantins, o marquês de Bonfim. O fato de haver presidido a Caixa por treze anos depois de quatro no Conselho mostra que a eficiência técnica e burocrática lhe dera uma preeminência reconhecida pelo governo e pelos financistas.

---

46 De Plácido e Silva, *As Caixas Econômicas Federais. Sua história. Seu conceito jurídico. Sua organização. Sua administração e operações autorizadas.* Curitiba: Empresa Gráfica Paranaense, 1937, p. 27.

XI.
A fase final

Em 1876 consolidou a sua posição nas esferas consideradas convencionalmente boas, perto dos "poderosos que mandam", pelo casamento de seu filho José com Laura Carneiro de Mendonça, de uma rica família mineira do Partido Liberal, cheia de abolicionistas e republicanos, inclusive quatro signatários do Manifesto de 1870: Eduardo Carneiro de Mendonça, tio da noiva; Henrique Limpo de Abreu, primo e cunhado; Antônio Paulino Limpo de Abreu (Júnior) e Eduardo Batista Roquete Franco, primos. Esta família se mudara de Paracatu para a parte meridional da Zona da Mata e a Província do Rio de Janeiro por ter estado envolvidíssima na Revolução de 1842, que acarretou prisão, processo, exílio, perseguição para vários dos seus membros, inclusive o pai da noiva, Joaquim Carneiro de Mendonça, um dos comandantes da forte coluna que atacou a vila do Araxá e foi derrotada. Foram presos e processados: a avó da noiva, Josefa Roquete Carneiro de Mendonça Franco, o filho desta João Carneiro de Mendonça e o genro José Antônio Pestana de Aguiar; exilado, outro genro, Antônio Paulino Limpo de Abreu (futuro visconde de Abaeté). O avô, o pai e outros parentes da noiva estiveram foragidos até a anistia.[47]

47 Bernardo Xavier Pinto de Sousa, *História da Revolução de Minas Gerais em 1842* etc. Rio de Janeiro: Typografia de J. J. Barroso e Comp., 1843, p. 172; José Antônio Marinho, *História do movimento político que no ano de 1842 teve lugar na Província de Minas Gerais*. 2. ed. Conselheiro Lafaiete, MG: Typographia Almeida, 1939, p. 251; Sebastião de Afonseca e Silva e Aires da Mata Machado Filho, *História do Araxá*. Belo Horizonte: Imprensa Oficial, 1946, p. 22.

Pondo entre parênteses os motivos determinantes de ordem afetiva, podemos imaginar nesse casamento uma espécie de aliança simbólica da alta burocracia com a oligarquia rural, num fechamento do círculo de prestígio para o funcionário parvenu. Inclusive porque era tio da noiva um estadista de excepcional importância, o visconde de Abaeté — conselheiro de Estado, doze vezes ministro, presidente do Conselho, senador, presidente do Senado —, com o qual Tolentino estabelecia deste modo um vínculo de afinidade.

Em outubro de 1881 o ministro da Fazenda e presidente do Conselho, José Antônio Saraiva, nomeou uma comissão para estudar os meios de melhorar e aumentar a atuação das caixas econômicas composta por Tolentino, o seu antigo colega do Tesouro João Cardoso de Meneses e Sousa (futuro barão de Paranapiacaba), Antônio Luís Fernandes da Cunha e Jacinto Vieira do Couto Soares. Em 21 de agosto de 1882 ela apresentou ao novo presidente do Conselho, visconde de Paranaguá, um elaborado parecer, de que Tolentino foi com certeza o relator, como se verifica não apenas porque assina em primeiro lugar, mas por indicações do *Dicionário bibliográfico brasileiro*, de Sacramento Blake. Além disso, são inconfundíveis a redação elaborada e clara dos períodos longos, o tom sentencioso e a inclinação, muito dele, de levar tudo para o terreno da discussão moral.

A introdução de corte doutrinário, como era de seu feitio, repousa sobre uma antinomia, à luz da qual procura caracterizar o brasileiro. De um lado está a poupança, que é o fundamento das Caixas e exerce papel "regenerador sobre certas classes sociais", pois onde elas prosperam diminuem os crimes e os vícios. De outro lado está a miragem da "riqueza instantânea", representada pelo amor ao jogo e concretizada na "cancerosa enfermidade das loterias, que vai fundamente gangrenando o corpo social". Naquele tempo elas eram administradas por um serviço especial do Ministério da Fazenda, o que o Parecer considera escandaloso.

Conclusão:

> Em verdade parece incompatível a coexistência das caixas econômicas e das loterias; são duas entidades repelentes e antagônicas entre si, e no embate deplorável da luta em que se agitam, vive uma à custa dos despojos da outra.

Segundo o Parecer, o brasileiro tende para o lado da loteria; daí a necessidade das caixas como elemento regenerador do seu caráter.[48] Que diriam os membros da Comissão se tivessem podido prever que hoje as loterias seriam administradas justamente pelas Caixas...

A partir de 1883 Tolentino esteve indiretamente ligado a um empreendimento vultoso, de que era parte maior seu filho médico, José: a transformação do povoado de Poços de Caldas em verdadeira estância termal, com a captação das fontes sulfurosas, a construção de amplo hotel e do balneário. Isto foi feito por uma empresa à qual o governo da Província de Minas deu a concessão, depois de concorrência pública. Nela, seu filho foi não apenas o ativo diretor na fase difícil da construção, durante a qual houve pelo menos três atentados à sua vida, mas o acionista majoritário, com somas em parte emprestadas pelo pai ao juro camarada de 7% ao ano, como se vê no testamento deste.

José de Carvalho Tolentino, nascido em abril de 1851, formou-se em medicina no Rio no ano de 1878, já casado e taludão, com a primeira tese que se escreveu por aqui sobre transfusão de sangue. Morreria aos 47 anos em 1898, pouco depois de ter deixado a Empresa de Poços de Caldas, de que

---

48 *Parecer sobre as Caixas Econômicas e Montes de Socorro.* Apresentado pela comissão incumbida de verificar as causas do seu atraso e de indicar as providências tendentes a desenvolver estas instituições no Império. Rio de Janeiro: Tipografia Nacional, 1882, pp. 3, 5, 6 e 7.

era novamente diretor, e inaugurado o seu segundo balneário. Íntima e ternamente ligado ao pai, com quem sempre morou, salvo nos períodos passados em Minas, era homem de personalidade forte e administrador excepcionalmente capaz: "À sua energia realizadora deveu a estância o seu primeiro estabelecimento termal".[49]

Em 17 de março de 1888, perto dos 78 anos, já muito doente, Tolentino pediu demissão da Academia de Belas Artes, retirando-se afinal do serviço público, para o qual entrara fazia mais de sessenta anos.

Foi então promovido na Ordem de Cristo ao grau de comendador, por decreto de 2 de maio, assinado pela princesa imperial regente e o ministro do Império José Fernandes da Costa Pereira Júnior.[50] Nessa ocasião a regente o convidou para a sua casa, por intermédio de uma dama de honra, e Tolentino, com a letra já trêmula, respondeu no tom de deferência cortesã a que se adaptava bem a sua polidez de burocrata:

Ilma. e Exma. Sra. D. M. Amanda P. Dória.

Levanto-me da cama onde estou há três dias, para responder ao apreciável favor que de V.Exa. acabo de receber da parte de Sua Alteza Imperial. Farei todos os esforços para achar-me amanhã no Palácio Isabel às horas que me são marcadas. A honra e o prazer de agradecer as especiais amabilidades que comigo tem despendido a Augusta Princesa me darão forças para depor a seus pés as minhas homenagens.

A V. Exa. agradeço com efusão as expressões que a mim e a minha mulher dirige o delicado afeto com que nos trata.

---

49 Aristides de Mello e Souza, *Estudos de crenologia: Águas minerais sulfurosas*. São Paulo: Revista dos Tribunais, 1936, p. 13. **50** Ms. AN: Documentos da Seção Histórica, n. 131.

Desvaneço-me de poder assinar-me com a mais subida consideração

De V. Exa.

mt.º at.º ven.ºr e afet.º cr.º

A.N. Tolentino

São Salvador, 8 de maio de 1888.[51]

Se foi ao palácio Isabel terá sido das últimas vezes que saiu. A Abolição ocorreu dali a cinco dias e ele morreu menos de dois meses depois, a 3 de julho.

Como anunciara confiadamente na adolescência humilde, chegou aos postos de mando, tendo sido praticante, segundo e primeiro escriturário, oficial-maior, diretor, diretor-geral. Simultânea ou posteriormente foi inspetor interino e depois titular da Alfândega, comissário imperial no Exterior, inspetor do Banco do Brasil, vice-presidente e presidente de província, diretor e presidente da Caixa Econômica, diretor da Academia de Belas Artes e Conservatório.

Mas, como vimos, a carreira não foi fácil. Além das limitações da origem pobre, teve que enfrentar situações da maior gravidade, acarretando ataques, polêmicas, demissões, processo e condenação, calúnias, humilhações. Chega-se a pensar que a sua escolha para o vespeiro da comissão no Uruguai foi devida ao conceito que já teria de funcionário não apenas competente, mas disposto a assumir encargos penosos. Isto é confirmado pela presidência do Rio, onde topou briga feia; pela direção da Alfândega da Corte, que aceitou

---

51 Ms. IH: Coleção Baronesa de Loreto, Lata 299, Pasta 42. (São Salvador é o nome do largo onde Tolentino morava.) O nome todo da destinatária era Maria Amanda Paranaguá Dória, filha do segundo marquês de Paranaguá e amiga de infância da princesa, que lhe cegara involuntariamente um dos olhos brincando ambas de jardinagem. Casada com o político e escritor Franklin Américo de Meneses Dória, criado barão de Loreto dali a um mês.

por sentimento do dever e quase causou o desmoronamento da carreira, jogando-o no ostracismo; pela direção da Academia de Belas Artes, famoso foco de conflitos. E o interessante é que em todos os cargos e comissões deixou sinais de muita atividade, lúcida capacidade de análise e, salvo em parte no caso da Academia, tendências inovadoras.

Além disso, teve os seus momentos de discrepância em relação às conveniências do jogo político e a coragem de lhe opor os interesses reais do serviço público.

Não eram certamente regra os funcionários que, a exemplo dele, encaravam a burocracia como objetivo de todo o esforço, não encosto ou alternativa. No meio da inépcia, indolência e filhotismo tão frequentes, ele pertencia ao núcleo de competência que tornou possível o funcionamento do Estado e deu ao Império um serviço público provavelmente singular na América Latina.

XII.
Em família

Cerca de quatro anos antes de morrer, em 30 de setembro de 1884, fez testamento em que declara a fé católica, equipara as filhas reconhecidas aos legítimos para efeito de herança ("sejam elas, ou seus herdeiros, admitidos à minha sucessão no mesmo pé de igualdade"), exclui do cômputo os benefícios feitos a uns e outros, descreve os bens e amarra cuidadosamente a efetivação da sua vontade, indicando como conselheiro e árbitro o segundo testamenteiro, "meu bom amigo o visconde de Mesquita". O usufruto dos remanescentes da terça é deixado à viúva (primeira testamenteira), "essa minha tão digna esposa, como terno testemunho do meu reconhecimento pela extrema amizade e incondicional dedicação de que constantemente me tem dado as mais irrefragáveis provas". Por morte dela, tais bens passariam aos filhos dos filhos legítimos, não aos das filhas naturais, maneira justa de reconhecer o papel que os cabedais trazidos pelo casamento tiveram na formação do seu patrimônio.

Há também traços do clássico desencanto daqueles que lutaram duramente pela posição e as honrarias, mas depois de as terem duvidam se valeu a pena "tanto tormento e tanto dano". Assim, rejeita as homenagens oficiais que lhe cabiam pelo título e as condecorações (a condição de grande dignitário da Rosa dava direito nas cerimônias fúnebres a honras militares de general):

Ordeno que o meu corpo seja sepultado sem pompa nem insígnia alguma, e que para a missa do sétimo dia se não façam esses costumeiros convites, que têm tornado de um ato íntimo e da religiosidade da família uma intempestiva e censurável ostentação da vaidade humana.

Ao excluir do monte certos benefícios feitos, alude expressamente às casas que dera a cada uma das filhas, à quantia fornecida ao caçula para a construção daquela onde também morava, e a certas "somas em dinheiro". A menção a estas destinava-se naturalmente a preservar a família do filho mais velho, seu homônimo, que sempre fora sustentada por ele e para a qual o desconto a título de adiantamentos da legítima seria catastrófico. Esse outro filho era um excêntrico inútil e inofensivo, que inclusive fora dar com os costados na Guerra do Paraguai, como voluntário imbele que o pai conseguiu encaixar no Estado-Maior do amigo Caxias, e cuja única contribuição na vida foi enriquecer o folclore familiar.

O espólio não era opulento, mas para a escala do tempo configurava um homem de haveres, que desde os anos de 1860 aparecia na lista dos "capitalistas e proprietários de prédios", publicada anualmente pelo *Almanaque Laemmert*: montava a 221:932$024 (duzentos e vinte e um contos novecentos e trinta e dois mil e vinte e quatro réis), em joias, apólices, onze prédios no Rio e dívidas ativas. Estas chegavam à casa dos 95 contos, dos quais cerca de 85, isto é, bem mais da terça parte dos bens, aplicados na Empresa de Poços de Caldas através de empréstimo ao filho, que lhe pagava, como vimos, o juro módico de 7%.

No testamento, declara ainda que estavam registradas em três livros de contas algumas transações, quase todas liquidadas e feitas a partir de 1845, o que deixa claro que as suas aplicações começaram com o casamento, realizado naquele ano, e os bens trazidos pela mulher e aumentados depois pela morte do sogro, que lhe permitiram organizar a vida dentro de padrões de largueza que teriam sido impossíveis apenas com os proventos da carreira.

Tolentino mudou sempre muito de residência — vários locais do atual Centro, a Praia de Botafogo duas vezes, Catete, Glória, duas ruas do Andaraí —, até que em 1882 o filho caçula construiu com seu auxílio uma grande casa de três andares no largo de São Salvador, 14-J, nos limites de Flamengo e Laranjeiras, onde foram todos morar.

Passadas as lutas da maturidade, ele era então um velho tranquilo, de feitio convencional, apegado às conveniências.

Era alto, aprumado e elegante, com dentes admiráveis que nunca precisaram de dentista, corado apesar dos muitos achaques, de vasta calva, queixo e bigode raspados entre fartas suíças brancas, que dão um ar composto à boa iconografia do fim de sua vida: fotografias de Henschel, litografia de Augusto Off, retrato a óleo na galeria dos presidentes da Caixa Econômica (perto do de seu inimigo Ferraz), o notável busto de Francisco Manuel Chaves Pinheiro, atualmente no Museu da Escola Nacional de Belas Artes. Em todos eles aparece um senhor de expressão agradável e meio-sorriso, condizendo com a sua famosa cortesia. Apesar da compostura rigorosa, tinha bom humor e sabia cultivar o galanteio de sociedade, que completava com o voltarete o corte do "homem de sala". Tinha boas leituras e redigia com a elegância guindada habitual no tempo não apenas os escritos públicos, mas os pessoais, numa caligrafia perfeita que deve ter sido um dos trunfos iniciais da carreira.

Exemplo da tonalidade solene, que automatiza e enverniza a própria manifestação dos sentimentos, é um escrito sentencioso que deu ao filho caçula no dia do aniversário deste, em 1878:

Filho querido.

Seja sempre o dever a luz que o guie no caminho da vida: o dever e a probidade nobilitam o homem, e o fazem respeitado entre os seus semelhantes.

Se as vicissitudes e a corrupção dos tempos podem, uma ou outra vez, turiferar o que se aparta do caminho direito, essa iniquidade é, mais tarde ou mais cedo, corrigida pelo juízo público, e pelo conceito da parte sã da sociedade; além de que o repouso da própria consciência dá uma força e um nobre orgulho que formam um deplorável contraste com os sobressaltos e as amarguras do remorso.

Seja, pois, o dever meu caro filho a norma de todas as tuas (sic) ações; a bússola na perigosa viagem da vida.

Não falta nada: bússola ou luz que guia, caminho ou viagem da vida, repouso da consciência, angústia do remorso. Mas havia também a outra face da Musa Burocrática, como se vê em carta escrita no mesmo ano, a propósito de quadros oferecidos a uma jovem senhora do Rio, casada com um senhor chamado Ferraz e morando a contragosto em Caxambu, onde Tolentino e a família iam "fazer uso das águas", como se dizia. Já é impossível entender as graças e alusões a fuxicos de vilegiatura; mas percebe-se que o velho de 68 anos brinca alegremente de namorado e faz jogo com o assunto das telas, restabelecendo o equilíbrio quando inclui o galanteio na alusão à felicidade conjugal da moça e à sua própria rotina de chefe de família:

Rio, 11 de janeiro de 1878.

Minha querida D. Mariquinhas.

Os velhos são sempre desajeitados. Ao remeter os prometidos quadros devera tê-los eu acompanhado de uma invocação à sua tão conhecida benevolência, pedindo desculpas pela exiguidade da oferta, que não me animaria a fazer se não fosse ela apenas para distrair um tanto alguns comensais beócios, que olham para as cousas, mas não as veem. Cometi assim uma *gaucherie*, que a sua tão amável cartinha, agora recebida, bem de leve me deixa entrever, com a mais delicada e graciosa malícia.

Claudicou quem por tal não merece escusa; mas com tanta doçura veio o brando remoque, que me fez quase aplaudir o próprio desazo. São milagres da varinha de condão de certa fada gentil, que lá anda encantada entre brenhas e penedias, seguindo quem o peito lhe cativa. E ela não é pra selvas; mas às fadas também, por momentos, empalidece a estrela que lhes ilumina a fronte: as fadas, coitadinhas, também amam... e o amor tem tantas tiranias!...

Daqui via eu a bela prisioneira de Caxambu, na pungente saudade do seu exílio, alongando as vistas, estendendo os braços em direção do pensamento, que voa rápido pousar no "ninho seu paterno", tão longe dos olhos, tão perto do coração; querendo devorar o futuro, que o desejo se impacienta de ver como caminha tardo!

Seria acaso porque faltasse fé à linda fada?... Eis por que enviei-lhe a Fé, viçosa e radiante, para confortá-la no seu desânimo: ia ela acompanhada da amena Esperança, como promessa fagueira dos que creem; mas, ainda a tempo, reparei que era a cópia que eu mandava ao original. Guardei para mim a cópia: abracei a sombra, que me não é dado tocar na realidade.

Ninguém tenha ciúmes de um sonho de primavera em gelada noite de inverno...

Aí está por que foi a Fé, sozinha e constrangida, entre dous frades beberrões, ocultando-se por detrás de dous vasos de flores. Estou que já libertou a mimosa viajante de tão má companhia.

Agora, prosaico "João Fernandes", com o meu barrete branco e chambre sarapintado, devo dizer-lhe que não passo bem; que a família está boa, que minha mulher vive saudosa da amiga ganha em Caxambu, a quem com carinho abraça, e que Laura agradece e retribui as suas amistosas recomendações.

De todo o coração faz votos por sua felicidade

O seu amo. afetuoso

A.N. Tolentino.[52]

Essas manobras de salão faziam parte dos jogos de todos; assim, a jovem senhora brincou de volta e, em lugar de responder ao conselheiro, endereçou-lhe uma carta destinada a sua mulher, "delatando-o".

Aliás, já seria tempo de pelo menos mencionar esta mulher, muito alegre e espirituosa, que afinal de contas foi um dos fatores da sua penetração na banda certa, trazendo dinheiro, parentela de prestígio e, além disso, recolhendo e tratando como próprias as suas filhas naturais, que deste modo passaram a fazer normalmente parte da família. A resposta dela à jovem amiga tem uma leveza espontânea que contrasta com o jargão do marido, fazendo pensar na diferença entre a cultura masculina, verdadeira couraça de convenções, sobretudo quando reforçada pelo modo burocrático, e os aspectos mais folgados da cultura doméstica das mulheres. Apesar da sujeição pesada, estas podiam ser mais autênticas nas atividades marginais, que não sofriam tanto a fiscalização deformadora. E atividades marginais, porque não lhes eram reconhecidas como próprias, podiam ser eventualmente a leitura e a escrita. A mulher do conselheiro lia muito e escrevia com uma graça fácil e correta que não era frequente nas senhoras do tempo:

---

52 "João Fernandes" era naquele tempo a designação sarcástica do burguês pacato e rotineiro. Esta carta e a seguinte, bem como o escrito dirigido ao filho, foram comunicados por d. Zulma Tolentino Covello, a quem agradeço.

Rio 16 de maio de 1878

Minha querida D. Mariquinhas.

Estou em dívida de resposta a uma cartinha sua, que já há tempo me foi entregue aberta, porque veio subscrita (sic) a quem naturalmente a abriu e leu antes de mim; são uns equívocos que o acaso se encarrega de ajeitar a nosso gosto; vi que era uma resposta por tabelas a um sestro antigo que ainda conserva o meu velho de fazer a corte às moças bonitas. Não sei as poesias que lhe escreveu, porque não mas mostrou; mas vejo ainda que se lembra do seu passado.

Eu tenho continuado a estar sempre presa do lado do meu netinho, que continua com o segundo aparelho, havendo sido infrutífero o primeiro em que esteve quarenta dias. Não me deixa nem ler, nem conversar sequer, e está o rei dos malcriados com o despotismo que a moléstia lhe tem dado: não sei ainda qual será o resultado do tratamento a que tem sido sujeito.

Foi com efeito abrasador o verão, que felizmente já lá vai, e a maldita febre amarela ceifou muitas vidas e causou grandes sustos; também já vai se despedindo: assim nunca mais voltasse.

Tenho tido excelentes notícias da nossa boa Joaquinha, cuja permanência aí, ao que dizem, tem lhe sido do maior proveito: dê-lhe com um apertado abraço meu, os mais sinceros parabéns pelo seu restabelecimento, e também, os receba a Sra., que teve assim uma tão agradável companheira.

A sua linda e interessante filhinha muito deve contribuir para amenizar-lhe as asperezas e enfados de Caxambu; com grande prazer soube que ela é o seu conforto e o seu enlevo.

Adelina escreveu-me de Montevidéu: chegaram bem ela e os seus, é provável que depois disso não tenha mais tempo de ocupar-se de nós.

O Tolentino agradece o seu remédio das canas crioulas, e há de breve experimentá-lo; diz que muito sente não poder pagar-lhe na mesma moeda, noticiando algum eficaz específico para as dores de canelas que lhe causaram os passeios do Sr. Ferraz ao feio Baependi: se ele tem lá alguma devoção é com Sinhá Chica, e essa há de encaminhá-lo para o reino do Céu.[53]

Adeus minha boa amiguinha, o Tolentino, Laura e o Marido recomendam-se ao Sr. Ferraz e à Sra. com muito particular afeto, e eu os acompanho enviando um apertado e saudoso abraço.

Sua am^a. mt^o. grata

Mariana Tolentino.

---

53 "Sinhá Chica", mais propriamente Nhá Chica (1808-1895), era uma espécie de beata a quem se atribuem milagres e previsões. Vivia em Baependi e ali construiu uma igreja onde foi enterrada e é venerada como intercessora. Devo este esclarecimento a Maria Mercês Machado Borges, a quem agradeço as publicações que me comunicou a respeito. Na carta, d. Mariana queria dizer, de brincadeira: "não fique com ciúmes ('dores de canela') se seu marido vai a Baependi; trata-se de devoção (religiosa) por Nhá Chica, não de devoção (amorosa) por alguma moça".

XIII.
Balanço

Morto, um homem desses acaba rapidamente, porque funcionou num escalão secundário, que não dá ingresso à História. Mas no momento da morte desperta um certo eco, preserva-se algum tempo meio embalsamado nos títulos, condecorações, escritos e bens materiais, por ter morrido aceito e certificado por uma classe a que não pertencia de início, mas na qual penetrou com esforço prolongado. Morreu aceito, porque, correspondendo ao que ela queria e precisava, adaptou-se aos seus padrões; os bons e os maus, pois estes são condição para o funcionamento daqueles. Ele a serviu, ela o recompensou.

Tinha saído do nada e queria subir. Quais os caminhos? Podia ser comerciante, traficar escravos, contrabandear, arranjar concessões públicas; mas para isso era preciso uma certa paixão do ganho que quebra a linha, e ele evitava por natureza os aspectos brutais da luta. A política seria a carreira suprema, mas estava praticamente fechada porque lhe faltavam, além da vocação, outros requisitos: não era doutor, não tinha parentela, nem dinheiro, nem aliados. Nessa redução de perspectivas, a burocracia foi a porta estreita que daria o pão com o respeito, que permitiria exercer o mando depois de muito obedecer, que poderia capitalizar como trunfos as boas maneiras, as boas leituras, o bom jeito.

Ele escolheu e manteve para sempre a escolha do meio de subir na sociedade móvel e sem rigor, fazendo o que é preciso nesses casos: combinar os extremos, adotar padrões sem sacrificar a consciência mais do que o indispensável, usar os recursos penosamente ganhos: instrução, casamento, confiança dos chefes, relações certas. Como forma, revestir-se de uma aparência que impusesse respeito, compensando a insignificância social da origem graças às marcas da origem *boa*: maneiras *fidalgas*, sentimentos *nobres*, gestos *elevados*, aspecto *superior*. Como estratégia, planejar tudo bem: casamento, educação dos filhos, roupa, casa, relações. E a vida familiar, concebida como repartição bem organizada, entroncando na vida pública. Na hora da morte, encobertos os erros e os fracassos, o panteão dos necrológios que reconhecem a perda de um dos pilares da ordem.

A burocracia, sobretudo em regime monárquico, é regida por uma espécie de *tchin*, como o que Pedro, o Grande, instituiu: um escalonamento que pressupõe mudança de qualidade social nas pessoas conforme a mudança dos níveis, até aquela "aristocracia administrativa" de que fala João Camilo de Oliveira Torres. Além disso, pode ou não haver um certo relacionamento com outros setores sociais, que reforça a qualificação proporcionada pela carreira em si. O burocrata que se torna político ou homem de dinheiro deixa de ser propriamente burocrata. Mas é possível continuar a sê-lo em condições mais complexas e socialmente mais satisfatórias, se puder estabelecer relações com o mundo da política e dispuser de meios para viver, ao menos até certo ponto, como os homens que têm dinheiro. Essa combinação dosada dos três papéis, com franca predominância do primeiro, foi a fórmula da vida de Tolentino. O seu inimigo Ângelo Muniz da Silva Ferraz, por exemplo, ocupou posições iguais ou parecidas com as dele, tendo sido inspetor da Alfândega, procurador do Tesouro, membro e presidente do Conselho de Inspeção da Caixa Econômica; mas no seu caso de bacharel que não começou como contínuo ou escriturário, e sim pela magistratura, a burocracia (aliás, apenas a alta) foi, ao contrário, algo lateral na carreira política dominante.

Mais parecido seria o caso de outro ás da burocracia, Rafael Arcanjo Galvão, subordinado, depois sucessor de Tolentino na direção da Segunda Contadoria do Tesouro e, como vimos, membro relator da comissão de sindicância da Alfândega em 1862. Rafael Arcanjo Galvão fez também toda a carreira no Ministério da Fazenda, desde praticante até diretor-geral, recebendo o título de conselheiro e as ordens da Rosa e de Cristo, no grau de comendador. Mas além disso tinha ambição política. Quando moço redigiu o primeiro jornal da sua província do Rio Grande do Norte, na qual foi deputado provincial em diversas legislaturas (e uma vez em Sergipe). No ano de 1868 vislumbrou a terra entre todas prometida do Império, ao ser eleito para a lista tríplice de senador, da qual sairia escolhido Torres Homem, o que serviu de pretexto para a famosa demissão do Gabinete Zacarias. Em casos assim a burocracia também é predominante, mas tem um pouco de alternativa inferior, de *pis-aller*.

Tolentino nasceu sem recursos, parece não ter tido grandes ambições materiais e não possuía veleidades de estadista. Mas graças ao casamento e a uma boa gestão dos bens pôde ter vida de homem abastado, com boa casa, criados bem-postos, relações *escolhidas*; graças à ligação com figurões do porte de Paranhos e Caxias teve encargos paralelos de relevo e, no mundo da política, uma discreta participação que dourou o escudo burocrático. No fim da vida, não era um simples "empregado público" aposentado *dentro* da carreira. Era um alto funcionário com alguns esmaltes de dominação política e outros tantos metais de largueza econômica. Aninhara-se nos níveis superiores daquela espécie de classe média programada que, segundo a análise penetrante de Sérgio Buarque de Holanda, o Estado constituíra em grande parte por meio dos funcionários, para ter quem votasse nos termos do sistema vigente. Classe média com aspectos parasitários, devidos ao clientelismo, que era produto, não causa do jogo constitucional, e ia preenchendo aos poucos o espaço entre os oligarcas e a grande massa dos desvalidos, de cuja proximidade Tolentino emergiu.

Complemento
Entrevista com o autor[1]

Como surgiu a ideia de escrever Um funcionário da monarquia? O conselheiro Tolentino é avô de minha mãe, de modo que desde menino ouvi falar dele. O que me atraiu sempre foi o fato de, sendo de origem muito modesta, ter aberto caminho pelo esforço pessoal e o mérito, começando como uma espécie de contínuo de repartição e chegando a postos elevados, inclusive o de presidente da Província mais importante do império. Então, por simples curiosidade, comecei a procurar dados e vi que ele teve uma vida cheia de peripécias e era uma personalidade muito interessante. Além disso, fui percebendo no curso da pesquisa que a carreira dele ajudava a esclarecer um dos meios de formação da classe média no Brasil no século XIX. Sem nenhuma intenção de publicar, resolvi então escrever a sua história, de maneira a resultar não só num perfil, mas um perfil com certo valor de paradigma.

O seu caso serve para ilustrar a mobilidade vertical no Brasil monárquico, cuja classe dominante sabia cooptar os elementos auxiliares de que precisava. Basta pensar no critério de atribuição dos títulos nobiliárquicos, que eram dados a ricos e pobres, brancos e mestiços, membros de famílias importantes e gente "sem nascimento". Era uma sociedade relativamente flexível no universo dos homens livres (não dos escravos, é claro). Daí o contraste entre o peso da dominação de classe e a facilidade com que podiam ser incorporados os que correspondiam aos interesses da oligarquia, independentemente da origem social. A capacidade de recrutar elementos novos para manter

---

1 Entrevista concedida a Adriano Schwartz e Maurício Santana Dias, publicada no jornal *Folha de S.Paulo* em 17 de fevereiro de 2002.

o sistema foi um dos fatores de preservação do poder nas classes dominantes, que souberam se renovar sem largar as rédeas nem mudar de mentalidade além do inevitável.

Quanto tempo durou a pesquisa para a biografia e quais as suas principais fontes?

Durou de 1975 a 1985, mas de modo muito intermitente, e foi toda feita no Rio de Janeiro. Comecei pelo Arquivo Nacional, onde em 1975 tive a sorte de ser ajudado por uma funcionária exemplar, que me pôs na pista de documentos essenciais. Trabalhei também na Biblioteca Nacional, no Gabinete Português de Leitura, no Instituto Histórico, na Biblioteca do Itamarati. Mas o que acabei fazendo não foi uma biografia propriamente dita. Para isso teria sido preciso contar em detalhe a atividade central do conselheiro Tolentino, que foi a sua longa carreira no Tesouro. E também a sua atuação decisiva na Caixa Econômica, da qual foi um dos fundadores e, durante muitos anos, presidente. Mas não consegui localizar a documentação necessária e acabei mencionando apenas os dados essenciais dessas atividades. Com isso o texto ficou menos árido, sem falar que para aquela tarefa eu não tinha o tirocínio indispensável de história econômica.

Portanto o trabalho destacou os momentos mais dramáticos da vida do conselheiro Tolentino, que revelam o seu modo de ser e, ao mesmo tempo, vários aspectos da época. Digamos que fiz um retrato que, além dos traços próprios, pode ajudar a conhecer certo tipo social do Brasil no século XIX, o que no começo não estava no meu horizonte, mas já estava quando comecei a redação, feita de 1984 a 1985 em São Paulo e em Poços de Caldas.

Quanto às fontes: foram basicamente os documentos originais, relatórios oficiais impressos, almanaques daquele tempo, sobretudo o preciosíssimo de Laemmert, o *Jornal do Commercio*, uns poucos papéis de família e os livros e opúsculos de autoria do conselheiro Tolentino, todos interessantes e legíveis.

Há uma carência na historiografia brasileira de estudos como este que o senhor vai lançar?

Francamente não sei. Não sou historiador, embora me interesse pelos estudos históricos. Devido à formação que tive, com muita sociologia e influência do marxismo, me interesso não apenas pela atuação dos grupos e classes dominantes, mas também pelos agentes anônimos e os personagens humildes, que são dissolvidos nas generalizações e desaparecem tragados pelas estatísticas. Raramente eles chamam individualmente a atenção dos estudiosos, e nunca a dos biógrafos. Mas acho que o estudo dos indivíduos "que não têm história" pode aprofundar o conhecimento.

Há muitos anos escrevi um artigo no jornal da nossa cidade de Cássia, no sudoeste de Minas, onde vivi até os dez anos, chamando a atenção para duas antigas escravas, como contrapeso da crônica local dos barões e dos coronéis. No mesmo sentido escrevi sobre Teresina Carini Rocchi, obscura militante socialista italiana que veio para o Brasil em 1890, à qual minha família e eu próprio nos ligamos intimamente em Poços de Caldas, aonde ela fora morar e onde morreu quase nonagenária.

Registro, ainda, que a minha tese de doutorado em ciências sociais, de 1954, seguiu a mudança de enfoque realizada sobretudo a partir de São Paulo nos anos de 1940: enquanto estudiosos como Oliveira Viana e Gilberto Freyre se concentraram nas classes dominantes, nós passamos a estudar as classes dominadas, e eu insisto sempre nisso como um dos traços distintivos da USP. Assim foi que estudei não o fazendeiro, mas o parceiro anônimo, um proletário rural. Diria que o ensaio sobre o conselheiro Tolentino se enquadra um pouco nesse espírito, e eu o mostro na sombra dos figurões que aparecem nos livros de história: Olinda, Caxias, Rio Branco, Mauá, Ângelo Muniz, Saldanha Marinho e outros. Mas sou um simples amador nesse terreno, e deve haver trabalhos especializados que ignoro.

Em seu livro o senhor toma um caso particular — a biografia do burocrata Antônio Nicolau Tolentino — para descrever os meandros de uma sociedade estamental. A certa altura, falando da oposição à sua atividade reformadora, o senhor diz que "o que se queria era apenas um pouco de ordem"; e, mais adiante, que "o propalado desejo de modificar era no fundo mero desejo de arranjo, que melhorasse o funcionamento do sistema sem o afetar na essência". Em que medida essa "essência" mudou?

Essa pergunta me permite esclarecer o que talvez devesse estar mais especificado no livro. Não se deve pensar que o conselheiro Tolentino fosse um inconformado com o sistema social e político e quisesse a sua transformação. Longe disso. Era um homem convencional, bem enquadrado e, embora não fosse político, visivelmente alinhado com os conservadores, entre os quais se encontravam os seus amigos poderosos. A reforma da administração fluminense não foi iniciativa dele. Era uma velha aspiração e certamente o marquês de Olinda, presidente do Conselho de Ministros, o encarregou de fazê-la, como presidente da Província. O problema foi que, não sendo político militante, ele levou a tarefa a sério demais e entornou o caldo oligárquico. Isso, porque era um burocrata consciente, que desejava melhorar o serviço público para fazer funcionar o sistema com eficiência e justiça. A indignação que suscitou permite dizer que ocorreu um conflito entre a mentalidade burocrática racionalizadora e os interesses da máquina política, que não podia viver sem o pistolão e o compadrio.

Hoje as coisas mudaram, mas é claro que persiste muita coisa do patronato, porque é uma prática enraizada na cultura brasileira a partir da herança portuguesa. A análise clássica de Sérgio Buarque de Holanda em *Raízes do Brasil*, mostrando como a nossa tradição tende mais para as "relações de simpatia" do que para as "relações de categoria" (digamos assim), ainda se aplica bastante hoje. Por isso eu disse que a concepção do nosso serviço público se prende mais ao modelo ibérico, que pressupõe o favor. O fato é que, apesar dos pesares, não só os restos do patronato estão aí, mas as classes dirigentes continuam de modo geral a reclamar a necessidade de reformas que, no fundo, não querem efetuar. Agora, como antes, a tendência é manter o máximo do estado de coisas, mudando apenas o mínimo inevitável. Aliás, isso é sociologicamente "normal", porque os grupos que detêm o poder não admitem perdê-lo. Daí a ocorrência periódica dos golpes e das revoluções.

Digamos então que Tolentino era um funcionário preocupado com a eficiência do sistema que, ao tentar promover reformas contrárias aos interesses do patronato, foi derrubado. Como o senhor imagina que seria o destino de um Tolentino na República de hoje?

Os administradores e políticos que querem pôr ordem e lisura no serviço público podem estar sempre certos de que enfrentarão problemas, de modo que hoje a coisa deve ser parecida. Mas é preciso esclarecer: a sua pergunta se refere ao que aconteceu quando ele era presidente da Província do Rio de Janeiro, isto é, quando um burocrata quis atuar na esfera reservada habitualmente aos políticos. Foi aí que surgiu a complicação, porque houve o choque de mentalidade a que já me referi, os políticos querendo apenas uma maquiagem do estado de coisas, ele querendo racionalidade e justiça. Provavelmente hoje aconteceria algo semelhante. O conselheiro Tolentino pertencia ao tipo minoritário de servidores públicos com vocação, dedicação e competência. Graças a eles o serviço público funcionava naquele tempo como funciona agora, isto é, arrastando na periferia um peso morto de gente pouco aplicada e pouco capacitada.

Embora o tom da sua biografia seja impessoal, e o relato se atenha estritamente aos fatos, o texto funciona como peça de acusação exemplar do modelo político brasileiro. A simples descrição dos fatos por vezes tem mais peso e contundência do que a argumentação ideológica?

A sua pergunta focaliza dois tipos de trabalho intelectual, que podem ser e frequentemente são dois momentos de um estudo. Neste eu quis fazer, como disse, uma "crônica de fatos", uma despretensiosa crônica de fatos, de modo que estes predominam. Como o lastro teórico é pequeno, a crítica social aparece em comentários aderentes às situações concretas, não em explanações mais ou menos autônomas. Mas penso que esses comentários bastam para sugerir uma visão crítica. Para ir mais fundo teria sido preciso traçar um quadro mais amplo da oligarquia, e aí apareceria com certeza a "argumentação ideológica" de que fala.

Entre parênteses: como na verdade o meu ensaio é bastante crítico em relação ao sistema político do Império, é justo fazer uma ressalva, dizendo que no tempo do Segundo Reinado os oligarcas estavam mais enquadrados, devido ao papel regulador do soberano. Com a República Velha eles tomaram o freio nos dentes e passaram a interferir mais pesadamente na vida do país. Creio que a minha narrativa mostra como d. Pedro II procurava ser equânime e eficiente naquela sociedade envenenada pela escravidão.

Em Formação da literatura brasileira *(1959), o senhor fez uma análise macro-histórica do "sistema literário" nacional. Aqui, o senhor se desloca para o registro da micro-história. A mudança de enfoque implica uma alteração de suas concepções teóricas ou se trata de uma adequação ao objeto estudado?*

Trata-se da adequação. É muito diferente o estudo de dois períodos literários decisivos, como fiz em relação à Arcádia e ao Romantismo, e o estudo da vida de um personagem secundário. Aproveito para registrar que você acertou ao dizer que eu quis estudar o "sistema literário", segundo conceitos que procurei definir. Não quis estudar a literatura brasileira no conjunto. No entanto, ao me afastar da rotina, não imaginei que a maioria das pessoas entendesse que eu a estava amputando das fases iniciais e das mais recentes. Para citar uma divertida pérola dessa incompreensão: certo colega espirituoso disse há muitos anos num congresso que eu escrevi uma história da literatura brasileira sem a cabeça e sem o rabo...

Seria possível traçar algum paralelo entre a ascensão pública de Tolentino e a de Machado de Assis?

Eles são tão diferentes, e a respectiva ordem de grandeza é tão afastada, que é difícil. Traços comuns são que ambos subiram pelo próprio esforço e o próprio mérito, ambos casaram com mulheres de condição social superior à sua, ambos foram admitidos com respeito à classe média, ambos servem de prova da flexibilidade da sociedade brasileira daquele tempo no universo dos homens livres, sempre que não se tratasse de alterar as suas estruturas básicas. Além disso, ambos foram altos funcionários públicos e, se não fosse a Proclamação da República, Machado de Assis receberia, ao se aposentar como diretor, o título de conselheiro, segundo a praxe.

E há alguma relação de parentesco entre o seu personagem e o famoso poeta satírico português Nicolau Tolentino (1740-1811)?

Nenhuma. O sobrenome do poeta português é Almeida, e Tolentino era prenome, enquanto no nosso conselheiro era sobrenome. A fonte de ambos os casos é a devoção ao santo italiano Nicolau de Tolentino. É frequente em Portugal e no Brasil a transformação dos nomes de certos santos em sobrenome: Assis, Gonzaga, Loiola, Sales, Xavier etc.

Além de Um funcionário da monarquia, *o senhor tem algum outro estudo guardado que, eventualmente, pretenda publicar um dia? Há algum outro autor ou tema a que o senhor tenha se dedicado especialmente nos últimos anos ou que tenha chamado a sua atenção?*

Não. Este livro existia mimeografado em poucos exemplares desde 1985 e eu não pensava em publicá-lo, porque, como disse, achei que faltava o estudo da longa carreira burocrática do conselheiro Tolentino. Além disso, um vezo meu é protelar demais a publicação de escritos prontos, e mesmo não publicá-los. Tenho feito erros sob este aspecto. Por exemplo: em 1945 escrevi e defendi uma tese de literatura sobre Sílvio Romero, impressa com pouco mais de cem exemplares, como exigia o regulamento. José Olympio me convidou para publicá-la na famosa coleção Documentos Brasileiros, mas recusei, porque achava que eram necessários retoques. Resultado: a tese acabou sendo publicada tal e qual vinte anos depois como boletim da Faculdade de Filosofia, cuja circulação é quase só interna, de modo que continuou secreta. Se tivesse aparecido em 1945, teria sido uma das primeiras monografias universitárias de literatura e poderia ter prestado serviços. Outro exemplo: em 1954 defendi tese de doutorado em ciências sociais, e José Olympio fez o mesmo convite. Recusei de novo, achando que precisava ser melhorada. Afinal dei-lhe o texto sem grandes alterações e ele o publicou em 1964, dez anos depois. Se tivesse aparecido na hora, *Os parceiros do Rio Bonito* poderia ter marcado um momento nos estudos sociológicos. Quando apareceu, estes já tinham se desenvolvido muito, e ele perdera grande parte da oportunidade.

Um funcionário da monarquia foi pedido há muitos anos por um editor que soube dele, mas eu recusei, com a esperança de completá-lo — e ele sai agora praticamente do mesmo jeito que teria saído em 1985. Se não fosse o amável interesse da editora Ouro sobre Azul, creio que continuaria para todo o sempre em estado de poucos exemplares mimeografados, além, é claro, da mencionada tradução inglesa.

Apêndice I
O presidente do Rio de Janeiro[1]

Agora que está dissipada a primeira impressão causada pelo adiamento da Assembleia Provincial, e sem precipitação pode-se formar um juízo acerca deste ato, estamos certos de que o público terá feito justiça ao presidente que o praticou e ao governo que o autorizou.

Em geral os presidentes de províncias saem das câmaras, são deputados ou senadores; contra isso tem-se levantado recentemente uma opinião que não deixa de ter fundamento razoável, quando se atende à continuidade e à permanência necessária à administração provincial, e se vê que tem esta de ser anualmente interrompida nos seis meses em que o presidente, deputado ou senador, tem de passar no Rio de Janeiro.

Além de outras razões, a falta de pessoal habilitado para as altas funções da administração tem feito com que o governo não tenha podido, tão completamente quanto talvez desejasse, atender a essa opinião. Todavia, quando um cidadão reconhecidamente apto para tais funções se lhe apresenta fora do parlamento, o governo procede com muito acerto aproveitando-o. Nesse caso está o Sr. Tolentino.

S.Exa. não era homem de partido, não se recomendava por um pergaminho de doutor, não tinha mesmo relações políticas

---

[1] Artigo anônimo publicado no *Jornal do Commercio* de 31 de agosto de 1858. [Esta e as notas seguintes são de Antonio Candido.]

que lhe dessem neste ou naquele sentido uma cor pronunciada; mas havia servido nos cargos da administração fiscal com uma inteligência e um zelo geralmente reconhecidos, e muito aproveitáveis em época em que a política está calada, e o país só exige uma ativa e inteligente administração.

O governo não se enganou: experimentado na vice-presidência da província do Rio de Janeiro de maio a outubro de 1856, o Sr. Tolentino não excitou o menor queixume; a Assembleia Provincial, com exceção de um único membro, o apoiou.

Era isso recomendação sobeja para que em agosto de 1857, tendo de nomear presidente para a mesma província, o governo se lembrasse do administrador não parlamentar já experimentado.

De fato, tão de acordo foi o governo nessa nomeação com os interesses e a opinião da província, que a Assembleia Provincial votou logo uma felicitação nas frases as mais simpáticas e lisonjeiras. Assim inauguradas as relações do presidente e da assembleia, durante todo o curso da sessão não se desmentiram.

Encerrada esta, por espaço de um ano continuou a administração do Sr. Tolentino sem que desse ocasião a censuras que aparecessem na imprensa nem ainda na tribuna do Senado e da Câmara, embora aí se houvesse apresentado uma oposição assaz porfiosa e diligente.

Um ano inteiro e contínuo de administração da província do Rio de Janeiro era tempo sobejo para que um administrador menos acertadamente escolhido cometesse erros, ou desse fundamento a censuras plausíveis da parte de uma oposição, em que especialmente entravam deputados e senadores do Rio de Janeiro.[2] Um ano inteiro é um período assaz longo, especialmente para quem atender que quase todos os predecessores do Sr. Tolentino, membros do poder legislativo, não conservavam a administração senão alguns

---

2 O articulista se refere à oposição no parlamento contra o governo central.

meses por ano, renovando-se sempre esta com o intercalamento dos vice-presidentes.

Nesse período da administração do Sr. Tolentino tiveram de reunir-se os colégios eleitorais: era a primeira experiência da lei dos círculos na eleição provincial. Fiel aos princípios hoje geralmente preconizados, o Sr. Tolentino absteve-se de toda influência nessa eleição, deixou-a correr como quiseram os eleitores, os candidatos e os seus padrinhos no meio de uma tal ou qual indiferença pública, na mais completa indiferença oficial. Não é aqui o lugar de ver se nisso acertou ou errou o presidente da província, e tanto mais quanto hoje ninguém por certo se afoitará a censurá-lo por haver assim procedido.[3]

O princípio da não intervenção do governo, da sua perfeita abstenção e indiferença em eleições, é dogma dos nossos dias. Seja como for, entre os diversos representantes dos círculos nenhum devia a mínima parte do bom acolhimento prestado pelos eleitores à sua candidatura à mais simples recomendação do governo, nenhum tinha com a presidência essas relações de intimidade, de agradecimento, que talvez sejam necessárias para a comunhão de vistas, para a confraternidade e harmonia exigida pela dependência em que estão a administração presidencial e a assembleia que a tem de auxiliar.

Aproximava-se a instalação da assembleia assim eleita, e começaram a correr boatos de que nela apareceria alguma oposição. Esses boatos causavam alguma surpresa aos que atendiam ao silêncio da tribuna quanto à administração do Sr. Tolentino, e especialmente aos que se lembraram do que na Câmara havia ocorrido quando, ao falar o Sr. Soares de

---

3 O articulista alude à política de conciliação inaugurada por Honório Hermeto em 1853, que preconizava o congraçamento dos partidos, e estava vivendo os seus últimos e já descaracterizados momentos.

Sousa, alguns deputados ministeriais o haviam, com multiplicados apartes, incitado inutilmente a ocupar-se com este presidente.[4]

Entretanto a oposição anunciada apareceu. Contra ela havia nos primeiros dias uma maioria a favor do governo, confundindo, como exige a razão política, o presidente e o ministério de quem ele é delegado. Para dissolver essa maioria começaram logo todos os manejos da intriga; já se dizia que o governo queria demitir este presidente, já que lhe havia escolhido o sucessor, e até dizia-se quem este era.

Começaram esses manejos e ardis na eleição do presidente e do vice-presidente da assembleia: fiel ao seu sistema de abstenção, o presidente da Província não apresentou candidatos para esses lugares; isso não obstou que o dessem como recomendando uns, como repelindo outros; destarte se pretendia indispor contra ele irrefletidas suscetibilidades, e, dando-o por vencido, fazer-lhe perder a força moral.

Cumpria porém que a oposição aparecesse à luz do debate. Aí teve-se de ver quanto era ela mesquinha e infundada. Contra o presidente, nessas veementes discussões, apenas se alegavam dois fatos: 1º, ter procurado conseguir que os empregados da Província não tivessem seu domicílio no município neutro: 2º, ter arredado das candidaturas os empregados provinciais. Ambas essas medidas foram acoimadas de inconstitucionais: a primeira, por tolher a liberdade individual; a segunda, por criar uma incompatibilidade que não estava na lei!

É o caso de lembrar o famoso *parturient montes*: infelizmente não há ratinhos tão ridículos que com afoitas declarações não possam tomar a aparência de elefante. E pois, em vez de entregar ao riso do leitor semelhantes coarctadas, verifiquemos o seu valor.

---

4 Trata-se da Câmara dos Deputados Gerais, não da Assembleia Provincial.

Que os empregados públicos têm de ter o seu domicílio no município em que têm de servir, é coisa que não pode ser desconhecida por pessoa alguma, e até se quisermos dar alguma extensão à letra do código penal, artigo apontaremos em que se considera crime, e se castiga a ausência do funcionário, sem a competente licença, do lugar em que é empregado.

Todavia uma longa tolerância tem feito com que se julguem confundidas as cidades de Niterói e do Rio de Janeiro, deixando residir aqui muitos empregados provinciais e lá muitos empregados gerais: o Sr. Tolentino quis coibir esse abuso; todos os que atendem ao bem do serviço público deviam aplaudi-lo, e até sustentá-lo, a ver se conseguia que seus esforços não fossem malsucedidos na luta com os interesses pessoais que sempre nascem em torno de abusos inveterados.

Se a má vontade não quisesse coadjuvá-lo, quando muito se compreenderia que opusesse a resistência da inércia à determinação presidencial, tanto mais afoitamente quanto não era acompanhada por sanção alguma penal, não se lhe dava pois senão um caráter de mera e plausível recomendação; que porém a elevasse à altura de tema de oposição, que nele visse uma infração da constituição é o que decerto não se esperaria da mais violenta e mais cega paixão política.

Quanto às candidaturas dos empregados públicos, eis o que houve: em conversa com dois chefes de repartição, teve o Sr. Tolentino notícias de que dois empregados da secretaria e da tesouraria, que já eram deputados provinciais, pretendiam a reeleição, e que, além desses, outros haviam resolvido apresentar-se candidatos. S.Exa. ponderou os embaraços em que ficaria o serviço provincial se todos os chefes de repartição e empregados mais hábeis quisessem e conseguissem ser eleitos para a assembleia; pediu, pois, às pessoas com que conversava que procurassem dissuadir os seus empregados de semelhante pretensão.

Não houve ordem, apenas um conselho, uma insinuação, que, longe de ser digna da menor censura, antes merece louvor. Tanto não houve ordem que a nenhum dos outros chefes de repartição falou a este respeito. O comandante do corpo policial, o inspetor da instrução pública, o diretor do arquivo estatístico, o administrador da mesa provincial, os promotores e os engenheiros do distrito, não receberam, quer direta, quer indiretamente, semelhante insinuação. Os empregados que quiseram ser candidatos o foram; daí não lhes resultou desgosto algum, como decerto teria resultado se houvessem infringido uma ordem.

A par dessas duas acusações, cujo valor pode ser apreciado pelo mais vulgar senso comum, nada mais houve para fundamentar a renhida oposição. Falou-se também, é verdade, na reforma administrativa, ultimamente feita pelo presidente; disse-se que ela era inconstitucional: ninguém, porém, se encarregou de prová-lo, ninguém sujeitou à mais ligeira análise esse trabalho; e por certo não dá mais valor à oposição o haver soltado algumas palavras declamatórias, destituídas de toda justificação. Em falta de arguições procedentes, o que fez o enredo oposicionista? Cumpria a todo o transe hostilizar em Niterói o presidente, como na corte era hostilizado o ministério; cumpria ferir o governo no seu delegado; cumpria enfim descobrir meios de dar a presidência a quem fosse mais político, e não simplesmente administrador zeloso e inteligente. Para isso amplo arsenal se julgou descobrir no relatório do presidente.

O Sr. Tolentino havia entendido que para com a Assembleia Provincial, com a opinião, devia ser franco; apresentando o estado real das finanças da província, exibir essa tendência que têm as assembleias para decretar despesas, repelir essas autorizações de obras, verdadeiros cortejos das assembleias às influências locais, que colocam o administrador em sérios embaraços entre as pretensões autorizadas por lei e a influência dos recursos provinciais; tanto bastou: tomaram-se trechos isolados do relatório, envenenaram-se expressões, desvirtuando-as do sentido em que deviam ser entendidas, suscitaram-se amores-próprios, ressentimentos individuais. Foram essas armas as mais profícuas.

O presidente não era hostilizado pelo que havia feito, pelo que havia deixado de fazer durante um ano de administração provincial; era excomungado por alguns comentos do ódio e da intriga sobre proposições gerais, de eterna verdade por ele francamente escritas!

Diante desta tanto infundada quanto violenta agressão, o presidente não podia cruzar os braços: a autoridade, a dignidade do governo nela iam comprometidas: desmoralizada a ação presidencial e a do delegado do governo na província em que está a corte, como não ver que o golpe resvalava e ia ferir diretamente o governo-geral? Compreendeu-o o presidente, compreendeu-o o governo: como o maior elemento da oposição era a notícia da demissão do presidente; como com ela procurava-se arrastar os dúbios, os menos entrados no enredo, como já o iam conseguindo, a declaração de que o governo estava de acordo com o seu delegado, e de que este não seria demitido, a declaração autêntica e positiva dessa verdade devia ser julgada suficiente. E apareceu no *Jornal do Commercio*.

Em resposta, um projeto de lei assinado por 24 membros da Assembleia Provincial, revogando todas as autorizações em leis anteriores concedidas à presidência, revogando-as todas promiscuamente, sem exceção das que atendiam às mais urgentes necessidades dos municípios, foi apresentado. Era um manifesto de guerra; como tal foi oferecido, como tal justificado.

O que cumpria fazer? O presidente dirigiu-se ao ministério; pediu-lhe a sua demissão imediata, ou autorização para adiar a Assembleia Provincial, sem aguardar novos atos dela, pois: enquanto houvesse no seu seio a convicção de que o governo não estava unido ao seu delegado, de que o ministério poderia sacrificá-lo aos enredos, era inútil esperar que voltasse a maioria a um proceder mais refletido.

O governo igualmente assim o compreendeu. Haverá uma só pessoa de bom senso que não reconheça que, no estado da questão qual a temos apresentado, o governo não podia destituir o seu delegado diante do alarido da oposição sem fundamento? Haverá quem não compreenda que, se assim procedesse para cortejar a Assembleia Provincial, daria um exemplo fatalíssimo que em pouco tempo obrigá-lo-ia a consultar, não as maiorias parlamentares, contra as quais está aliás o poder moderador armado com a prerrogativa da dissolução, mas todas as maiorias de todas as assembleias provinciais, modificando a sua ação política e administrativa em cada uma dessas províncias conforme as exigências de assembleias indissolúveis? O princípio governamental foi pois mantido; a assembleia fluminense foi adiada. Em novembro, quando de novo se reunirem os membros dela, trarão pelo menos a íntima convicção de que com arguições fundadas em fatos poderão determinar a retirada de um presidente; com declamações, porém, intrigas e enredos tão desairosos ao governo do país, não.

Apêndice II
A guerra das cartas

O tiroteio epistolar começou com uma carta aberta de Saldanha Marinho a Romaguera, que respondeu no dia seguinte.

Ao Sr. José Romaguera.

Em um folheto que com a assinatura do Sr. José Romaguera foi publicado a respeito do processo de apreensão de vinhos que contra ele corre na Alfândega da corte, li o seguinte: "... parecia que o juiz tinha desaparecido, e que o acusador e seu advogado o haviam substituído, pois este dispunha de tudo, e quando alguma coisa dependia do juiz, lançavam-se sobre a mesa tiras de papel que insinuavam o que era preciso fazer-se ... chegando ao ponto do advogado dos recorrentes (os Srs. Romaguera & C.), estranhando semelhante procedimento, protestar contra ele!".

Como advogado da parte do apreensor, estive presente a este ato e em frente do advogado dos Srs. Romaguera & C., o Sr. conselheiro Ângelo Muniz da Silva Ferraz.

Por dignidade, pois, do Sr. conselheiro Antônio Nicolau Tolentino, que é o juiz de quem se trata, por minha própria dignidade, declaro que essas proposições avançadas pelo Sr. José Romaguera, ou por ele assinadas, são absolutamente falsas.

O melhor testemunho que posso invocar para provar que deste modo se faltou à verdade é o do Sr. conselheiro Ferraz, advogado dos Srs. Romaguera & C., e que comigo assistiu aos atos desse processo.

S.Exa. não poderá jamais descer a uma tão revoltante aleivosia.

A mentira não defende nunca; compromete ao que dela se prevalece.

Joaquim Saldanha Marinho

Rio de Janeiro, 5 de fevereiro de 1862. (JC, 6 fev. 1862)

Romaguera replicou:

Resposta ao Sr. Joaquim Saldanha Marinho, advogado do Sr. José Antônio de Castro.

A verdade dos fatos que se deram no inquérito das testemunhas oferecidas pelo Sr. José Antônio de Castro no processo de apreensão feita pelo mesmo senhor em certo número de cascos de vinho que despachamos para reexportação não pode ser obstruída pela audácia daqueles que a negam, e menos pelo protesto daqueles que foram seus autores, e admira que contra a consciência assim procedam.

Se o apreensor e seu advogado não se abrigassem na falta de publicidade do inquérito, não se arrojariam a negá-los.

O Sr. conselheiro Ferraz, se não estivesse convencido da verdade desses e de outros fatos, se não os testemunhasse, não consentiria que eles fossem insertos nas nossas alegações, e ele assim o diz na sua carta inclusa.

Sirva isto de resposta à correspondência do advogado do Sr. Castro, e será a última que sobre este incidente temos a dirigir-lhe.

José Romaguera & C. (em liquidação). (JC, 7 fev. 1862)

Esta resposta era reforçada no mesmo número do jornal por uma carta de Ângelo Muniz da Silva Ferraz.

Ilmos. Srs. José Romaguera & C. (em liquidação).

O meu testemunho a respeito dos fatos por VV.SS. alegados na sua petição de recurso será talvez reputado suspeito, e a falta de publicidade que houve no inquérito, a que assisti, como seu advogado, autoriza a negativa de seus adversários e a falsidade do que nas últimas alegações do apreensor apresentadas no dia 9 de dezembro do ano passado se disse contra meu procedimento durante o mesmo inquérito.

No entretanto é fácil de conceber que, como advogado de VV.SS., eu não consentiria que sob meu conselho e direção se alegassem cousas de cuja falsidade estivesse convencido por testemunho próprio.

Não só se deram os fatos por VV.SS. alegados, que autorizaram o rigor do seu juízo, que levantou a reclamação do advogado de seu adversário, como outros.

Reclamei contra eles, não só na ocasião em que se deram, mas em particular ao Sr. conselheiro inspetor no dia seguinte, e ao sair da alfândega, e ainda dentro dela a algumas pessoas disse que pelo procedimento que tinha havido me parecia ter comparecido em um juízo de paz da roça.

É o que posso lhes em resposta dizer. Sou de VV.SS. venerador etc.

Ângelo Muniz da Silva Ferraz.

Rio de Janeiro, 6 de fevereiro de 1862.

No dia seguinte, pelo mesmo jornal, Saldanha Marinho esquentava o tom da disputa numa carta aberta a Ferraz.

Ao Sr. conselheiro Ângelo Muniz da Silva Ferraz.

Não é a José Romaguera & C. que me dirijo.

Já os não enxergo nesta questão.

Dirijo-me ao homem que eles deram por si, para afirmar a mais revoltante falsidade; dirijo-me ao Sr. conselheiro Ferraz, que, para vencer uma causa injusta, não trepidou em sacrificar o que deve à posição que ocupa, prestando-se como testemunha falsa a ofender a honra alheia, empregando até, para melhor sustentar-se, a miserável evasiva de que *a pouca publicidade que houve no inquérito autoriza a nossa negativa!*

A mentira por parte dos constituintes do Sr. conselheiro Ferraz seria até certo ponto compreensível, visto como se querem a todo custo livrar da sanção da lei.

Por parte porém de S.Exa. torna-se imoral, cínica e até incrível, porque quem assim procede é um homem a quem já foram confiados os destinos do país, como presidente do Conselho de Ministros. O que o Sr. conselheiro Ferraz afirma em sua carta, impressa no *Jornal do Commercio* de hoje, é uma mentira descarada.

É uma aleivosia vil a afirmação de que eu dirigisse nesta ou noutra questão qualquer o Sr. conselheiro inspetor da Alfândega.

É uma ofensa grave e imerecida a esse cavalheiro; e tão pouco acreditável quanto o Sr. conselheiro Tolentino nem carece dos meus conselhos no cumprimento dos seus deveres, nem precisando de assessor me procuraria a mim.

Sendo o Sr. conselheiro Tolentino presidente do Rio de Janeiro e eu membro da Assembleia Provincial, fiz enérgica oposição aos seus atos, de onde resultou a quebra completa de nossas relações.

De então até hoje nunca mais nos apertamos a mão, trocando apenas as fórmulas de polidez usadas entre homens que se sabem respeitar.

Não era pois a mim que o Sr. conselheiro Tolentino teria recorrido para ver-se livre dos ambages e das tricas do trêfego advogado de José Romaguera & C.

O que levo dito basta para lançar por terra a asserção do Sr. conselheiro Ferraz.

Sem ser amigo do Sr. conselheiro Tolentino, respeito todavia o seu caráter, a sua probidade e honradez.

Em seguida transcrevo as cartas que dirigi ao Sr. conselheiro Tolentino e ao Sr. Caminha Júnior, que no processo de que se trata serviu de escrivão, e bem assim as respostas que os mesmos me deram. Ambos são acordes em que o Sr. conselheiro Ferraz mentiu!

Serão estes cavalheiros suspeitos por S.Exa.?

Averbá-los-á por cautela como tais, pois de outro modo não poderá sustentar a falsidade que avançou.

O público, porém, cujo juízo prezo sobretudo e para quem escrevo estas linhas, julgará o mentiroso relapso e o condenará às penas que a sociedade impõe aos que por tal modo se aviltam e degradam.

Ao Sr. conselheiro Ferraz, que assim afirma uma falsidade só com o fim de desconceituar quem ousou contrariar seus mesquinhos interesses proferindo uma sentença justa; ao Sr. conselheiro Ferraz, que só por lucro sórdido vem a público sustentar uma aleivosia, direi concluindo.

Os *juízes de paz da roça* pecam muitas vezes por ignorância, ao passo que ex-ministros, aliás ilustrados, concorrem com seu cínico proceder para a desmoralização dos tribunais do país e para o completo descrédito da autoridade, fazendo infelizmente acreditar que sem honra e sem probidade se pode ter um assento nos conselhos da coroa.

Joaquim de Saldanha Marinho

Rio, 7 de fevereiro de 1862.

Esta carta é seguida pelas cópias das que Saldanha Marinho enviou ao inspetor da Alfândega e ao escrivão, mais as suas respostas. Transcreve-se abaixo a troca de cartas com o primeiro.

Ilm.º e Exm.º Sr. conselheiro Antônio Nicolau Tolentino.

Digne-se V.Exa. declarar se em alguma ocasião e especialmente quando me achei perante V.Exa. e em presença do Sr. conselheiro Ferraz, no ato da inquirição das testemunhas no processo de apreensão, a que responderam José Romaguera & C., eu, por qualquer modo direto ou indireto, intervim nas decisões de V.Exa., ou lhe dirigi alguma palavra ou escrito para o orientar no cumprimento dos seus deveres.

Peço permissão a V.Exa. para fazer o uso que me convier da sua resposta.

Reiterando-lhe os protestos de consideração e respeito que lhe tributo, sou com estima, de V.Exa. respeitador, criado obrigado.

José de Saldanha Marinho

S.C. 7 de fevereiro de 1862.[1]

Ilm.º e Exm.º Sr. Dr. José de Saldanha Marinho.

Respondendo à carta que V.Exa. acaba de dirigir-me, declaro que não sendo compatível com o meu dever de juiz, nem com o meu caráter de homem, receber insinuações das partes para o cumprimento das minhas obrigações, nem isso praticável por um advogado tal como suponho a V.Exa., fica evidente que nem V.Exa. me dirigiu durante todo o processo Romaguera as insinuações a que alude sua carta, nem portanto tive eu de aceitá-las.

Pode V.Exa. fazer o uso que entender conveniente desta minha declaração.

Tenho a honra de subscrever-me com toda a consideração e deferência, de V.Exa. muito atento venerador e criado.

Antônio Nicolau Tolentino. (JC, 8 fev. 1862)

Na véspera, 6 de fevereiro, Tolentino havia escrito a Ferraz, declarando duvidar que as referências desairosas tivessem partido dele e pedindo que as confirmasse ou negasse. Ao publicar a correspondência, numerou as cartas.

Carta n. 1

Ilm.º e Exm.º Sr. conselheiro Ângelo Muniz da Silva Ferraz.

---

1 S.C. é sigla de uma antiga fórmula de cortesia usada na correspondência: "Sua casa". Significava: estou escrevendo desta casa que é sua (está ao seu dispor).

No recurso interposto da decisão que como inspetor da Alfândega proferi na apreensão de vinhos feita por essa repartição a José Romaguera & C., e cujo processo acaba de ser publicado pelo dito José Romaguera, encontra-se o seguinte difamatório período: "... parecia que o juiz..." (Tolentino transcreve o trecho já citado).

Sendo V.Exa. o advogado dos recorrentes, acreditam todos que essas palavras foram escritas por V.Exa.; eu porém, em honra ao juízo que devo formar do caráter de um cavalheiro tão altamente colocado na nossa sociedade como é V.Exa., quero antes supor que os recorrentes José Romaguera & C., tomados de despeito contra a minha decisão, aditaram ao trabalho de V.Exa., entre outras, essa caluniosa proposição.

Não me prevaleço da prova plena que em contrário me dão os autos, onde o aludido estranhamento, nem o protesto de V.Exa., se encontram consignados. O assunto é de honra e dignidade, e tão melindroso que carece ser deslindado cavalheirescamente: só a palavra de V.Exa. pode servir ao meu propósito. É por isso que venho solicitar de V.Exa. o obséquio de declarar-me, sob palavra de honra, sem favor, e só em respeito à verdade, se o referido período, em que os recorrentes fazem de V.Exa. protagonista, tem alguma coisa de verdade.

V.Exa., estou convencido, compreenderá toda a gravidade do caso, e a importância que ligo a esta declaração, da qual peço desde já licença para fazer o uso que me parecer mais decoroso.

Tenho a honra de subscrever-me com a devida estima e consideração de V.Exa. muito atento venerador e criado.

Antônio Nicolau Tolentino

S.C. 6 de fevereiro de 1862.

Ferraz respondeu imediatamente:

Carta n. 2

Ilm.º e Exm.º Sr. conselheiro A. N. Tolentino — Ontem pelas 7 horas da tarde tive a honra de receber uma carta de V.Exa., na qual exige de mim que lhe declare se é exato o que se lê no seguinte trecho da petição de recurso de José Romaguera & C.: "... parecia que o juiz tinha desaparecido, e que o acusador e seu advogado o haviam substituído, pois este dispunha de tudo, e quando alguma cousa dependia do juiz, lançavam-se sobre a mesa tiras de papel que insinuavam o que era preciso fazer... chegando ao ponto do advogado dos recorrentes, estranhando semelhante procedimento, protestar contra ele...".

Sinto profundamente não poder dar a V.Exa. uma resposta que lhe satisfaça. Como advogado, ainda quando me guiasse simplesmente pelas informações de meus clientes, faltaria ao meu dever se as descobrisse, prestando meu testemunho aos seus adversários; e tenho além disto por princípio empenhar em seu favor e defesa todos os meus recursos intelectuais dentro do círculo traçado pela honra e pelo dever.

Na presente conjectura, porém, o caso varia: além das informações de meus clientes, há o meu próprio testemunho; e conquanto, com pesar o digo, não possa ele ser favorável a V.Exa, apresso-me todavia em acudir ao seu reclamo.

Admira que V.Exa. esteja tão esquecido do que se passou na inquirição das testemunhas a que procedeu nos dias de 4 a 7 de dezembro do ano passado, e pois que V.Exa. se digna a invocar o meu testemunho particular, consinta que procure auxiliar-lhe a memória, recordando algumas das circunstâncias que ocorreram no decurso daquela inquirição.

No dia 5 desse mês, ao assentar-se V.Exa. em sua cadeira, no gabinete onde a inquirição se fez achou sobre a mesa duas tiras largas de papel que V.Exa. leu, sendo elas posteriormente guardadas pelo apreensor.[2]

Nesse mesmo dia, assim como no anterior, e nos subsequentes, o apreensor a cada passo dizia em segredo alguma cousa a

---

2 Antônio José de Castro, chefe da primeira seção da Alfândega.

V.Exa., o que lhe era tanto mais fácil, quanto ele estava colocado ao lado esquerdo de V.Exa., e muito próximo à sua cadeira.

Ainda mais, no correr das inquirições nesse, como em outros dias, por diferentes vezes, escreveu ele em tiras de papel, lançou-as sobre a mesa ao lado esquerdo de V.Exa., e V.Exa. apressou-se sempre em ler o que elas continham.

No dia em que depôs José de Bittencourt Amarante, apenas ele referiu-se a Fernandes Júnior, caixeiro do Sr. Estêvão Busk, uma das tais tiras de papel foi posta no costumado lugar, e V.Exa., depois de a ler, pôs-se a escrever. Imediatamente, sem ter precedido requerimento algum, ou outra qualquer manifestação, o advogado do apreensor, acabando uma repergunta, declarou que V.Exa. ia mandar chamar o supradito Fernandes Júnior, referido por Amarante, então V.Exa. acrescentou que já estava acabando a portaria para esse fim, e só depois de eu estranhar que assim se procedesse sem que fosse requerido, é que se mandou escrever um requerimento no processo.

Durante o depoimento de certas testemunhas o apreensor as interrompia com apartes, dirigia-se a elas com ar insolente, contradizia-as sem lhe ter sido dada a palavra, e alguma vez usou de expressões ásperas contra estas e contra o advogado dos réus. E V.Exa., à vista de tudo isso, conservava-se silencioso em sua cadeira, e nem a palavra proferia para manter a ordem.

O advogado do apreensor tomava a dianteira em tudo; designava as testemunhas que deviam depor sob juramento, se acaso eu não me houvera oposto a esse arbítrio, que entretanto V.Exa. presenciou impassível.

Em uma ocasião eu protestei contra o procedimento do mesmo advogado; ele em tom forte exclamou que já havia nulidades no processo, e que portanto era apenas mais uma que acrescia. Ainda desta vez V.Exa. não se dignou a romper o silêncio. Dirigi a palavra a V.Exa., expondo-lhe a inconveniência de semelhante proceder e reclamando contra ele; V.Exa.

respondeu-me que convinha deixar toda a liberdade ao apreensor e a seu advogado para que não se queixassem.

Se V.Exa. fizer um esforço de memória, talvez se recorde de que anteriormente proferira as seguintes palavras: "eu nada sei disto, e portanto os senhores dirigirão o inquérito". Eis certamente o que autorizava um tão estranho procedimento.

No dia seguinte, estando V.Exa. na sua mesa da sala das [colunas] manifestei-lhe que me veria na necessidade de retirar-me se porventura a audiência ou inquérito continuasse do mesmo modo que nos dias anteriores.

V.Exa. não estará talvez esquecido de que algumas outras circunstâncias se deram nas inquirições, principalmente as seguintes:

1º Quando se inquiria a testemunha referida Fernandes Júnior, o advogado do apreensor levantou-se, tomou os papéis da mão do escrivão, leu-os e chegou mesmo a acrescentar às suas reperguntas uma que V.Exa. queria fazer. Tudo isto foi efetuado de acordo, ou pelo menos com a tácita anuência de V.Exa., que permitiu ao mesmo advogado ditar o que lhe pareceu.

2º Que estranhando eu não mencionar-se nas assentadas o comparecimento e a assistência do advogado do apreensor, como era de direito, o escrivão Caminha respondeu: "Os Senhores não quiseram que se fizesse essa menção". V.Exa. ouviu essa resposta, calou-se, e nada julgou dever providenciar a respeito.

Animados por tamanha complacência, o apreensor e seu advogado, abusando não sei se da extrema bondade ou da fraqueza de V.Exa., e levados pela sua costumada audácia, fizeram tudo quanto quiseram, sem que nada, absolutamente nada, tivesse o poder de fazer V.Exa. sair do silêncio em que se mantinha a respeito deles; sem que, em suma, V.Exa. se resolvesse a tomar a menor providência para manter a ordem.

V.Exa. diz que nada disto consta do processo, que, no conceito de V.Exa., lhe dá prova plena do contrário do que se disse no indicado trecho do recurso; mas V.Exa. bem sabe que nem todos os requerimentos, nem todos os protestos, nem finalmente todos os incidentes que se deram, foram escritos, e nem de ordinário o são: foram unicamente os de que foi requerida a expressa menção. Se os autos não dizem tudo isso, é porque nem tudo se escreve.

Em todo caso, porém, quer-me parecer que dessa lacuna, se lacuna pode chamar-se, não pode V.Exa. tirar argumento algum, desde que, desprezando a prova plena que eles lhe oferecem, só deseja a minha palavra e o meu testemunho, e este selo-o eu com a minha palavra.

V.Exa. parece querer tirar de minha posição social motivo para exprobrar-me; mas, mercê de Deus, ela é o que era de 1848 a 1852.[3]

Em conclusão, cabe-me ainda dizer a V.Exa., em resposta à parte de sua carta em que fala em terminar semelhante questão de um modo cavalheiresco, que aceitarei as suas ordens todas as vezes que se dignar dar-mas.

Dou a V.Exa. faculdade para fazer desta minha resposta o uso que mais decoroso ou mais conveniente lhe parecer.

Tenho a honra de subscrever-me com a devida estima e consideração, de V.Exa. atento e respeitador criado — Ângelo Muniz da Silva Ferraz.

S.C., 7 de fevereiro de 1862.

À transcrição desta carta Tolentino juntou a seguinte nota:

E de tanta inépcia do juiz, desordem e anarquia do juízo, audácia do apreensor e seu advogado, o Sr. Ferraz não protestou como um valioso recurso para o ganho de sua causa!
Risum teneatis!

---

3 Ferraz alude ao período em que foi inspetor da Alfândega, querendo talvez dizer que a sua firmeza e energia nesta função contrastavam com a fraqueza que imputa a Tolentino.

E, sem dúvida possível quanto ao pensamento de Ferraz, perdeu o controle, escrevendo-lhe a

Carta n. 3

Ilm.º e Exm.º Sr. conselheiro Ângelo Muniz da Silva Ferraz.

Acabo de receber a longa resposta que deu V.Exa. à simples pergunta que ontem lhe dirigi. É um novo tecido de calúnias de que só admiro a invenção: conheço agora que também existe — o talento da torpeza!

Nunca conjecturei que pudesse um homem descer tão baixo, e ainda que esse homem fosse o Sr. conselheiro Ângelo Muniz da Silva Ferraz.

A resposta dessa carta, dirigida ainda na crença de que tratava com um cavalheiro, vem convencer-me que iludi-me com as roupagens que o vestem, quando só devia tê-lo por um personagem de carnaval.

Quando me reclamou jamais V.Exa., pública ou particularmente, sobre as pretendidas "tiras de papel lançadas sobre a mesa pelo advogado do apreensor para insinuar-me", como diz no recurso, mas que pelas variantes de sua atual resposta já são lançadas pelo apreensor, ou achadas sobre a mesa ao sentar-me na cadeira? Com tão valente prova de minha ignorância ou parcialidade, porque não se prevaleceu V.Exa. desse escândalo, que tanto aproveitaria à causa do seu cliente, inscrevendo o seu aludido protesto, para, como os outros dois que fez, constarem do processo, e dar assim um golpe de morte à ignara corrupção do juiz?

Agora que já o conheço, não me surpreende essa impudência com que mantém o seu embuste. Embora! Tenho muita altivez no coração para que sinta mais do que asco por tanto cinismo.

Só deploro que no meu país chegasse a ser senador do Império, guarda-roupa de Sua Majestade o Imperador, presidente do conselho, um homem tão abjeto; porque para mim, digo-lho bem em face, com o sentimento do mais profundo desprezo, é V.Exa., Sr. conselheiro Ângelo Muniz da Silva Ferraz, UM MISERÁVEL! — Sou,

Antônio Nicolau Tolentino

Rio, 7 de fevereiro de 1862.

(Essas três cartas foram publicadas no JC, em 9 fev. 1862, precedidas pelo seguinte comunicado de Tolentino):

O Sr. conselheiro Ângelo Muniz da Silva Ferraz.

Só a mais insólita provocação, por meio de uma calúnia atrocíssima, pausada e calculadamente forjada a fim de me expor à irrisão do público e ao desconceito dos meus superiores e dos meus amigos, para assim ajeitar-se um lucro sórdido, poderia excitar-me a ponto de esquecer a moderação com que procedo em todos os casos em que ela e a gravidade são recomendados ao homem bem-educado.

Uma afronta torpe me foi lançada nas razões do recurso apresentado pelos Srs. José Romaguera & C. ao Tribunal do Tesouro, e que eles mandaram publicar em um folheto que corre impresso. Essa afronta está nas caluniosas palavras que mencionei na inclusa carta sob n. 1, dirigida a 6 do corrente ao Sr. conselheiro Ferraz, advogado dos ditos Romaguera & C. no processo em que, como inspetor da Alfândega, fui juiz.

Não podendo acreditar que tamanha indignidade fosse sugerida por esse advogado, como meio de alegar justiça, inventando um fato que devia ter sido presenciado por seis pessoas (juiz, dois advogados das partes contrárias, estas e o escrivão), além das testemunhas, fato de que não havia o menor vestígio no processo, quanto mais censura e protesto, como despejadamente se avança, reputei-o por isso ardil da própria lavra dos recorrentes, e só filho do seu despeito.

Não me quis prevalecer, em tal caso, da prova plenamente refutatória dos autos, preferindo dirigir-me ao Sr. conselheiro Ferraz, seguro de que a verdade seria por ele atestada. Respondeu-me hoje esse senhor com um inaudito acrescentamento de novos embustes, na longa carta junta sob n. 2, que recebi cerca das 6 horas da tarde, e que com a declaração por ele oferecida ao Sr. José Romaguera inserta no *Jornal do Commercio* desta manhã, completavam o quadro da calúnia do insigne artista o Sr. Ferraz.

Confesso que sofri profundíssima decepção; porque acredito que tudo podemos ser constrangidos a sacrificar, exceto honra e dignidade.

Essa inesperada resposta, na qual só um ou dois fatos são reais, mas esses mesmos adulterados venenosamente pelo Sr. Ferraz, denuncia o seu já conhecido sistema de ridicularizar e deprimir a quem se lhe opõe. Demais, quem, à vista de tantos fatos por ele referidos, deixará de crer que ao menos alguns serão verdadeiros e exatos? Tudo isto sobremodo revoltou-me; conheci então o homem que se me punha por diante, e não pude deixar de atirar ao desprezo ente tão degenerado, escrevendo-lhe a carta sob n. 3.

Tendo-se intencionalmente trazido a público todas estas vilanias, sou a meu pesar constrangido a dar também publicidade ao procedimento a que fui levado por tão injuriosa provocação.

E se 37 anos de vida pública têm-me granjeado uma reputação modesta e não manchada por ato algum que me desdoure, creio dever ser acreditado pelos meus concidadãos e por meus amigos, quando, com a mão na consciência e sob minha palavra, lhes declaro que são falsas e caluniosas todas as asseverações que a meu respeito faz o Sr. conselheiro Ângelo Muniz da Silva Ferraz.

Antônio Nicolau Tolentino
Rio, 7 de fevereiro de 1862. (*)
(*) A hora adiantada em que foi recebido este artigo não permitiu a sua publicação no jornal de ontem. Nota da Redação.

(No dia seguinte saiu a resposta de Ferraz):

Publicações a pedido.

O Sr. conselheiro Antônio Nicolau Tolentino

Agradeço muito ao Sr. conselheiro Tolentino a impressão e publicação que fez no *Jornal do Commercio* de hoje das cartas que me dirigiu a 6 e 7 do corrente sobre a questão da apreensão dos vinhos pertencentes aos meus clientes os Srs. José Romaguera & C., em liquidação.

O público fará, à vista de sua leitura, justiça a quem for devida, e apreciará o procedimento desse funcionário público.

O juiz que se abalança a trocar correspondência nesse estilo e linguagem de que usou o inspetor da Alfândega desta Corte com um advogado que perante si pleiteia sobre objeto em que ainda pode, ou como juiz, ou como executor, intervir, dá por certo mostras da paixão que o cega, do que foi antes e durante o julgamento, e do que será depois dele.

Não há no foro exemplo de semelhante proceder; e no entretanto poucas alegações ou razões se encontram nos autos de recurso ou apelação que não encerrem queixas e acusações contra os juízes!

Chamado pela carta do dia 6 do corrente que me endereçou meu antigo adversário para o campo em que combatem cavalheiros, e aceito por mim esse convite, com surpresa, pela sua carta de 7 do corrente, à noite, reconheci que o meu adversário, abandonando esse campo, escolheu e acastelou-se noutro, em que por minha própria dignidade não posso acompanhá-lo, e que igualmente não sei se por hábito ou por alguma razão plausível lançou mão de armas impróprias de cavalheiros.

Não seria difícil a qualquer combater nessa área com o meu detrator, e

... pedes pes, dentusque viro vir.

A vitória não seria duvidosa sobre um contendor tão vulnerável; mas se esse comportamento pode receber a aprovação de alguns, e obter as palmas de outros dentre os que aplaudem os desmandos de pessoas de certa classe da sociedade, e as lides em que estas se barateiam injúrias e insultos, pela razão de gozarem do espetáculo de vê-las rebaixadas e aviltadas, é a meu ver tão lastimoso e triste esse exemplo, que julgo que por minha parte devo envidar todos os esforços e sacrifícios, paciência e resignação, para evitá-lo.

Nestes sentimentos resta-me recorrer aos tribunais para desagravo das ofensas, que, por amor da verdade, acabo de receber, e o farei em breve, e talvez no primeiro dia útil.

Essa intenção me obriga a pôr termo a qualquer discussão sobre semelhante assunto.

Nos tribunais judiciários a que recorro, onde a publicidade é uma verdade, encontrarei por certo garantia e justiça.

Ao dar remate a este não posso deixar de agradecer os conselhos e aprovação deste meu passo, com que me assistiram pessoas respeitáveis que me honram com a sua amizade.

Ângelo Muniz da Silva Ferraz

Rio, 9 de fevereiro de 1862. (JC, 10 fev. 1862)

Apêndice III
História de uma patifaria[1]

Apreensão de vinhos.

Acha-se afeta ao Tribunal do Tesouro uma questão de apreensão de vinhos, que foi julgada procedente pela Inspetoria da Alfândega.

Todos os meios se envidaram para caluniar o apreensor e inocentar os contrabandistas.

Não se deve por mais tempo consentir que um empregado cumpridor de seus deveres, que se opõe à dilapidação da Fazenda Pública, continue a ser vilipendiado por negociantes sem consciência, e que tudo empregam para lucrar, ainda que em detrimento da honra alheia, e em sacrifício pessoal e do crédito de quem os tem servido com zelo e dedicação.

Seja, portanto, patente ao conhecimento público a história negra desse famoso contrabando de vinhos.

Nos primeiros dias de novembro de 1861 participei a meu ex-patrão José Romaguera que haviam findado os seis meses de depósito que a Alfândega concede aos vinhos depositados no Trapiche da Ilha das Cobras. Disse-me ele que este era o último carregamento pertencente à extinta firma José Romaguera & Companhia, e que estando prestes a seguir para a Europa, fizesse a diligência de o passar por contrabando; à vista de tal exigência conferenciamos sobre o modo do levar a efeitos.

---

1 Publicado no *Jornal do Commercio* de 25 de julho de 1862.

Concordamos do modo seguinte:

Fazer uma simulada reexportação para o Rio da Prata na polaca[2] espanhola *Esperanza*, ainda carregada de farinha de trigo, procedente de Trieste, consignada a José Romaguera.

Principiei o despacho no dia 11 do mesmo, e concluiu-se no dia 18; e como o navio ainda estivesse carregado, guardou-se a retirada do vinho para o dia 20, não que o vinho fosse para bordo de tal navio, nem para tal porto, porém para, no caso de infelicidade, haver esta circunstância atenuante a favor do contrabando.

Obstáculos houve pelos quais, até ao dia 20, o navio não havia ainda podido principiar a sua descarga, e resolveu-se, independente disso, retirar o referido vinho para ser conduzido ao trapiche denominado Ferreira, sito na rua da Saúde n. 106, por se haver isso concordado com o oficial de descarga Francisco Ferreira dos Santos Varginha, no dia 11, prometendo-lhe um conto e tanto, o qual aceitou a proposta.

Estava o trapicheiro Bastos de acordo para receber o carregamento por contrabando às 10 horas do dia 20, por Joaquim José Ribeiro, caixeiro de Calbó & Companhia, e pelos mesmos mandado às 9 horas ao Trapiche da Ilha para eu lhe ordenar, segundo havia concordado com Calbó na véspera, mandar Ribeiro à Ilha quando estivesse assistindo a carregar as catraias com vinho, para prevenir ao trapicheiro que estivesse com os trabalhadores prontos, porque as catraias com vinhos não tardariam a lá chegar.

Assisti a carregar as catraias com 95 pipas, e vi-as largar do trapiche: chamei depois uma canoa, e vim para a praia dos Mineiros, onde encontrei Domingos de Almeida, caixeiro de José Luís, a quem pedi que mandasse botes para rebocar as catraias, que estavam descaindo para a parte da Alfândega em consequência da

---

2 É um tipo de embarcação de duas ou três velas, usada sobretudo no Mediterrâneo.

maré. Cheguei ao escritório, falei com José Romaguera e Calbó, saí tomando a direção do trapiche, encontrei J.C.M., que de tudo sabia, e pedi-lhe que me acompanhasse ao trapiche; ao chegar, entrei, e M. ficou um pouco atrás na porta do construtor Marcillac; pouca demora tive; perguntei ao trapicheiro Bastos se tudo estava preparado, e este me respondeu que sim.

Encontrando C. no trapiche, lhe pedi que se não opusesse mais à descarga daquele vinho, que me tinha fiado na sua bondade, e que estava bem certo que não quereria fazer perder a José Romaguera perto de 100:000$000.[3] C., à vista do que lhe disse, acedeu, embora dias antes dissesse que se não metia em semelhante contrabando, e que demais o encarregado daquele trapiche era Bastos; dirigi-me, pois, a Bastos, e tudo arranjei; ia saindo C., e me disse que a ele o tinha vencido, mas que tomasse cuidado, que havia deixado no trapiche da Ordem o Chefe da 1ª Seção, Antônio José de Castro. Saí do trapiche, seguido de M., para a parte da cidade, referindo-lhe o que se havia passado. Entre o trapiche e a primeira travessa próxima ao mesmo, passou por nós um feitor do trapiche da Ordem, de nome Paulo, com tal azáfama que nem cumprimentou M., a quem conhecia. Disse a M. que desconfiava daquele homem, por supô-lo vigia de Castro.

Chegados à travessa, aparece o chefe da 1ª Seção, Antônio José de Castro: Passamos por ele e o cumprimentamos: disse eu a M. que estava tudo perdido. Este aconselhou-me que me metesse em um bote, e que fosse ao alcance das catraias para ordenar ao oficial de descarga que voltasse. Não achei isto acertado. Volto a pouca distância a falar com Castro; converso com ele e despeço-me; quero tomar outra vez a direção do trapiche, Castro prende-me à ordem do inspetor da Alfândega, ordena-me que o acompanhe para o mesmo trapiche, dizendo-me mais que

---

3 Leia-se: cem contos de réis, quantia muito avultada para a época.

andava por aquelas paragens para apreender um vinho que Romaguera pretendia contrabandear. Chegadas as catraias ao trapiche, Castro faz a apreensão, e diz-me e ao trapicheiro Bastos que o acompanhem à Alfândega.

Ao sairmos do trapiche passava M. pelo lado oposto. Havia voltado para de tudo se certificar. Deixamos o trapiche e dirigimo-nos à Alfândega. Eu julgava tudo perdido, porque tinha na algibeira a letra de reexportação que o reexportador deve aceitar à Alfândega, caucionando os direitos de consumo dos gêneros que reexporta. Chegamos ao beco das Canoas, cumprimentei a Manuel Antônio da Cruz, que se achava parado na porta do armazém de Manuel José Machado, à rua da Saúde, esquina do beco das Canoas. Pedi a Castro para dizer duas palavras àquele seu amigo. Castro e Bastos ficam a alguma distância, e voltei a falar com Cruz, entrego-lhe a letra de reexportação, pedindo-lhe com instância que corresse a entregá-la a Romaguera, para que a mandasse imediatamente entregar a Santos Pereira; Cruz dá o recado a Romaguera, este lhe pede que a vá levar à Alfândega, procure S.P., e lhe faça entrega daquela letra com a maior reserva. Cruz não conhecendo S.P., e encontrando Fernando Júnior, caixeiro de Estêvão Busk, pede que lhe mostre esse empregado. Fernando Júnior, conjuntamente com Cruz o procuram, porém dizem-lhe que não havia ido naquele dia à Alfândega. Cruz volta a entregar a letra a Romaguera, que a guarda.

Chegamos, Castro, eu e Bastos à Alfândega, vamos para o gabinete; mas o inspetor[4] estava ocupado: enquanto Castro não pode falar ao inspetor, chega Luís Afonso Lebellot à porta do gabinete, chamo-o e peço-lhe que vá dizer a Calbó, sócio de Romaguera, para mandar entregar com toda a prontidão a letra a S.P. Lebellot seguiu imediatamente e deu o recado.

---

4 Lembre-se que o inspetor é Tolentino.

Castro conta ao inspetor o ocorrido, que me prendera à sua ordem. O inspetor mandou-me tratar de meus negócios: trato logo de fazer um requerimento pedindo depósito para aquele vinho, e peço a Fernando Júnior que o ponha sobre a mesa do inspetor para servir de documento.

Ele assim o fez. Acabei de deixar o requerimento na Alfândega, fui para o escritório contar a Romaguera & Calbó o ocorrido. Estes entregam-me a letra, e eu a guardo. Ao anoitecer peço a M. que vá à rua das Flores procurar S.P., contar a este o ocorrido, dizendo que não ia eu mesmo lá para não causar suspeita. S.P., depois de receber este recado, veio junto com M. à rua da Candelária n. 21, procurar-me para conferenciar no melhor meio de introduzir na Alfândega aquela letra. Combinamos o seguinte: S.P. de ir pedir proteção a L.C.P. de A. Depois dirigi-me a C.C.C. e pedi-lhe que levasse aquela letra para a Alfândega no outro dia e metesse na gaveta, e que mais tarde entregasse a chave a L.C. para, caso de ser procurada acharem-na, e atribuírem a descuido não estar lançada nem se achar com A.P., que é o encarregado desses documentos, o qual quando se abriu a gaveta e lhe deram a letra para lançar, ele declarou que o n. 87 lhe não pertencia; porém L.C. tudo remediou dizendo a A.P. que lhe aumentasse um -A-, ficando por consequência a letra com o n. 87 A, para abafar a trapaça. A letra está selada e tem a mesma data que a do lançamento do despacho, por cautela para um mau desfecho. S.P. só depois conheceu qual o fim por que não lhe entreguei a letra quando ele declarou no despacho haver aceito. O fim era nunca entregá-la à Alfândega, porque era difícil vir do Rio da Prata certidão de descarga de um gênero que lá nunca havia descarregado; só por meio de certidão falsa. Este meio não era seguro, por isso lancei mão da estratégia de combinar com S.P. dividir a armazenagem de cinco meses de estadia do mesmo carregamento depositado no trapiche, isto por haverem-se os calculistas enganado, em vez de calcularem seis meses, só calcularam um, resultando uma diferença de oitocentos e tantos mil-réis; porém a minha tenção não era deixar de pagar por inteiro os seis meses de armazenagem, tanto que mandei calcular pelo mesmo S.P. em notas separadas, dizendo-lhe que era só por prevenção, no caso do administrador da Ilha reparar naquele engano de cálculo, mas que estava bem certo não repararia. Tudo isto fazia para que S.P. declarasse no despacho que havia aceito a letra. S.P. tomou o n. 87, que era o que competia àquela letra naquele dia: tudo isto fazíamos às escondidas de A.P., porque se se lhe entregasse a ele a letra para pôr no despacho aquela nota, daria por certo pelo engano do cálculo, e perderíamos a armazenagem; não era porém minha tenção deixar de pagar a armazenagem, que a ocultas de S.P. paguei. O que queria era não entregar a letra, tanto que tendo acabado esse despacho de reexportação primeiro do que um outro de que estava tratando, entreguei a letra desse despacho a A.P., o qual, vendo do livro o n. 87 em claro, nela lançou esse número, e igualmente no despacho mais tarde concluído.

De onde vem a prova que tal letra não havia sido entregue senão depois da apreensão, o que foi preciso para acobertar aumentar-se a inicial -A- para concordar com a nota lançada no despacho, carecendo notar que no mesmo não houve ocasião de se lhe fazer igual aumento. O mesmo P. não deixa de desconfiar disto, e pode ser interrogado.

S.P., depois deste acontecimento, por muitos dias não foi à Alfândega, dando parte de doente, com receio de ser interrogado. Nunca tive confiança em tal empresa; só por instâncias de Romaguera empreendi tal contrabando, tanto que no primeiro dia santo do mês de novembro, indo ao morro do Pinto jantar em casa do Sr. João Antônio Teixeira Guimarães, a este revelei o que Romaguera me havia proposto que, embora temesse empreender o contrabando, ia-o pôr em execução do modo seguinte:

Fazer um despacho de reexportação do referido carregamento de vinho, e, em vez de ir para bordo, descarregá-lo em um trapiche; daí em diante o andamento que ia tendo o despacho lho ia comunicando; no dia 18 mostrei-lho pronto, e também a letra, mas que esta a não entregava à Alfândega, só no caso de ser burlado o contrabando.

Continuando a conversar, disse que achava bom fazer um requerimento pedindo ao inspetor depósito para aquele vinho, alegando que o navio não podia receber no dia em que tivesse de o retirar, porque no caso de infelicidade, faria aparecer esse documento mui valioso. Teixeira aconselhou-me que tal requerimento não fizesse, porque podia causar suspeita e ficar tudo frustrado. Acedi a este conselho, e não fiz o requerimento.

E antes de principiar o despacho procurei o meu amigo J.C.M. e lhe comuniquei o plano, como havia feito a Teixeira, aumentando só o nome do oficial de descarga que havia peitado, porque M. também o conhecia. No dia 20, da apreensão, pedi a M. que fosse no dia seguinte cedo até ao cais dos Mineiros, a fim de ver se aparecia alguma pessoa de quem se pudesse desconfiar, o qual, não desconfiando de cousa alguma, retirou-se.

Apontamentos:

Em 1º de janeiro de 1861 dissolveu-se a firma José Romaguera & C.ª, da qual fazia parte Manoel Calbó.

Em junho ou julho do mesmo ano os caixeiros da extinta firma, inclusive Amarante, passaram para a casa de Calbó & C.ª, de que é sócio José Romaguera, sem deixarem contudo de trabalhar na liquidação da velha firma, e em negócio particular da mesma: embora eu não estivesse ainda afiançado na Alfândega por Calbó & C.ª, era conhecido por seu despachante. Para prova examine-se o despacho do carregamento de vinho da polaca espanhola *Perla*, procedente de Barcelona, os quais têm autorização assinada por Calbó &

C.ª para eu poder tratar deles, e bem assim os despachos do carregamento da barca espanhola *Maria Natividade*, procedente de Málaga, e muitos recibos passados em diversas casas de comércio, que provam ser eu caixeiro de Calbó & C.ª, os quais para protegerem o contrabando negam ser eu o seu caixeiro. Não se tendo dado baixa na Alfândega da fiança assinada em meu favor por Romaguera & C.ª, em consequência da velha firma ainda ter muitos gêneros que despachar, devem existir na Alfândega as listas de sobressalentes dos navios consignados a José Romaguera & C.ª, e Calbó & C.ª, assinadas por mim, até as da própria polaca *Esperanza*, de Trieste, consignada só a José Romaguera, por isso não podia ignorar que a *Esperanza* estivesse carregada no dia 20; só eu é que tratava dos papéis desse navio, despachei seu carregamento, e que tinha de pedir oficial de descarga. Finalmente veja-se no arquivo da Alfândega que todos os requerimentos feitos ao inspetor em nome de José Romaguera & C.ª, Calbó & C.ª e José Romaguera são por mim assinados.

Sei também que são fantásticas as participações do capitão da polaca *Esperanza*, tanto a carta do dia 18, como do dia 19; o seu juramento é falso. Nem José Romaguera nem eu tínhamos falado ao capitão em receber tal vinho. Também é fantástico o recibo que o dito capitão passou de 1:200$ pela rescisão do contrato verbal. Este plano foi concertado por prevenção. São igualmente fantásticas as cartas de Manuel Passos, assim como a de Ventura Fernandes a José Romaguera, pedindo vinhos. Tudo isto foi feito depois da apreensão.

Só são verdadeiras as cartas de Calbó, Oliva & Boule, de Tarragona, a quem José Romaguera e Calbó escreveram pedindo-lhes que envidassem todos os esforços para que o governo espanhol intercedesse por José Romaguera & C.ª nesta questão, o qual ordenou ao seu ministro residente nesta Corte que interviesse diplomaticamente nesta questão, o que já fez dirigindo duas notas ao ministro dos Estrangeiros em favor de Romaguera. É falso o que Romaguera alega sobre o navio que trouxe o carregamento de vinho de Tarragona vir consignado por engano a Calbó & C.ª, pois que o pai de Calbó muito de propósito o consignou a seu filho.

Ainda não vimos homens que arrotassem mais honradez que os tais Srs. José Romaguera & C.ª e Calbó & C.ª; lamento porém que no Brasil se não adote a pena que se aplicava em certo tempo na França ao homem da laia destes senhores uma flor de lis;[5] mas a estes devia ser colocada na testa, para os seus comitentes se não terem enganado por tanto tempo com eles. Não sabemos que vítima expiatória procuraram para lançar sobre ela o seu irregular procedimento comercial.

Poucas pessoas estarão esquecidas do infeliz José Gonçalves Fernandes Pinto, ex-caixeiro despachante destes senhores, que anda foragido por tirar da Alfândega gêneros sem pagar os competentes direitos, de conivência com eles.

Quando o ex-administrador das capatazias deu com isso e o quis chamar a contas, estes senhores também o perseguiram para se inocentarem, e porque ele não lhes podia servir mais para seus fins. Desapareceu de todo a intimidade que com ele haviam tido; havia deixado os despachos das mercadorias contrabandeadas, lançado no seu competente livro, e na caixa figurando saídas essas quantias como direitos à Alfândega desses gêneros.

Se a conta de lucros e perdas falasse?!!

Era costume destes senhores quando viam que o seu caixeiro despachante servia para tais fins, fazê-lo confidente, para ele se julgar seguro e não se negar a seus pedidos, como o de lançar o despacho de mercadorias sem

---

5 Antigamente, na França, os criminosos podiam ser marcados no ombro com uma flor de lis impressa por ferro em brasa.

ter recebido o dinheiro porque haviam sido contrabandeadas, e por esta forma os demais empregados da casa não desconfiarem, e a escrituração poder ser apresentada regular, e a imoralidade de tal ato recair sobre a sua própria vítima, no caso de desinteligência. O Sr. D. Manoel Calbó tem dedo para isso!!

Haja vista à escrituração do Sr. Jaime Romaguera, de quem foi guarda-livros Manoel Calbó, que durante a ausência do Sr. Jaime na Europa arranjou a escrituração de combinação com o José Romaguera, de tal forma que, chegando o Jaime, viu a casa com tão poucos lucros e seu irmão ex-caixeiro, e recente sócio, José Romaguera, com uma fortuna particular de 40:000$ a 50:000$000?! As piores vendas que a casa fazia eram a José Romaguera, por meio de um testa de ferro. Por estas e outras espertezas o Sr. Jaime separou a sociedade com o seu irmão, o qual se estabeleceu, levando consigo Calbó, a quem deu sociedade, em recompensa por tão bons serviços!!!

Os tais senhores, quando falam no Sr. Jaime, são capazes de fazer crer a um cego, surdo e mudo que o Sr. Jaime não lhes dera o que lhes pertencia; porém quem os conhece tem pena de os não ouvir falar metidos em uma camisola numerada...

Vamos ver os tais Srs. como respondem aos Srs. P. Parlade & Comp., Hernandez Molina, Lopez & Comp., Sandoval & Comp., José Guardia, M. Utrera, Viúva Chacon & Comp., e Viúva Queiroz & Filho, de Málaga, pelas quantias extorquidas desde que estão estabelecidos até agosto de 1861, em que efetuaram a venda dos vinhos remetidos pelos mesmos senhores pela barca espanhola *Maria Natividade*, tanto à extinta como à nova firma. São decorridos nove anos; terão recebidos cerca de 40.000 barris de vinho, e têm pago à Alfândega (dos que têm despachado) direitos de 33 e 34 canadas por barril, carregando aos seus comitentes nas c/v direito de 36 canadas:

fazendo o cálculo e levando em conta o período em que despacharam por 34 canadas e aquele em que despacharam por 33, calculando os direitos pela antiga tarifa, dá um termo médio de três medidas por barril, que se eleva a 120.000 canadas a 220 réis, 26:400$000 contra os seus comitentes de Málaga.

Vamos aos comitentes destes senhores de Barcelona, os Srs. Serra & Sobrinho, Agostinho Prates, Carey, Sober, Miralhes e Juroncila, que suas remessas de vinhos em nove anos montaram a 15.000 pipas, carregando-lhes na c/v direitos de quatro medidas de mais em pipa, perfaz 60.000 canadas a 220 rs., pela velha tarifa 13:200$000.

Passemos à França. Terão recebido 500 pipas de vinho, por várias vezes, dos Srs. Sagolles & C., pelos navios *Sirene*, *Asie*, *Brenus*, *Robert Piron*. Essas pipas têm sido despachadas a 184 medidas e carregando-lhes na conta de venda a 187, resultando uma diferença contra os Srs. Sagolles & C. de 600$ (pouco mais ou menos). Os Srs. Tampiede & C. também não escaparam nas remessas de manteiga; dizimam-lhe não pequeno número de libras, e em uma das remessas também os direitos de 200 a 300 rs.

Ainda não é só isto: este senhores, não satisfeitos com a comissão de compra, aumentam os preços dos gêneros pedidos por seus correspondentes.

Eis como em oito ou nove anos fizeram uma fortuna!! Bem merecem os foros de introdutores do método repentino de fazer fortuna no comércio; porém qual será a sua tranquilidade com uma fortuna adquirida em tão pouco tempo!!

Devem estranhar muito uma exposição destas; mas é a verdade pura. Sempre julgamos José Romaguera capaz de cometer uma indignidade, prometer mundos e fundos a um caixeiro, e não fazer cousa alguma em seu benefício; mas que em nome de sua família fosse pedir-me que defendesse a questão do seu contrabando, que estava na minha mão ganhá-la ou perdê-la por depender do meu juramento e dos meus amigos; que em mim estava o futuro de sua família, que perdendo 100:000$ com pouco ficava... Este apelo a uma alma bem formada produziu o efeito desejado. Fiz tudo pelo meu ex-patrão Romaguera; sabia que Calbó havia perdido já uma questão de um frete de gêneros vindos de Lisboa por um navio consignado a Cerqueira, por eu não querer dar um juramento ditado.

Cumpri o que lhe prometi, defendi a questão, e a acompanhei até o Tesouro. Poucos dias depois despedi-me da casa.

Estou bem certo de que procurarão subterfúgio para dar cor às suas misérias; porém será tempo perdido, as suas ligeirezas provam-se com os despachos da Alfândega, do que a todo o momento se podem tirar certidões e com elas os seus comitentes ou os seus procuradores ajustarão contas com SS.SS.

Vai longa esta exposição, e omitimos muitas outras para ocasião oportuna, e terminamos com a seguinte gentileza dos Exmos. Srs. Calbó & Comp., e D. José Romaguera, cônsul-geral do Peru, secretário encarregado interino dos Negócios do Peru. Todos sabem que o Sr. Manuel Leocádio de Oliveira, em Paranaguá, é o correspondente destes diplomatas, aos quais fez encomenda para mandarem abrir-lhe uma chapa para suas letras, os quais cumpriram a ordem: não sabemos quantos centos de letras lhe remeteram; porém o que é certo é que ficara em seu poder um cento; e quando se viam em apuro pecuniário enchiam uma delas, em que figurava o Sr. Leocádio sacando sobre Araújo Barros & Bastos em favor de SS. EEx. o Sr. D. José Romaguera & Comp., que com muita habilidade falsificavam a firma do Sr. Oliveira, e preveniam ao seu compadre o famigerado ex-administrador do trapiche da Gamboa, o distinto fidalgo Domingos da Costa Araújo Barros, ao que se prestava de mui boa vontade porque nas suas tísicas também enchiam letras figurando compras de gêneros que talvez a este mercado nunca tivessem vindo. Os tais Exmos. José Romaguera & Comp. sacavam, e os Srs. Araújo Barros & Bastos aceitavam, arranjavam dinheiro de pronto por meio desta honesta transação. Ainda hoje mutuamente os Srs. Fonseca Bastos & Comp. e os Exmos. Calbó & Comp. fazem esta inocente transação.

Sei que alarma levantarão contra mim se perderem a questão.

Chorarão o tempo perdido nessas diplomacias, ocuparem tanta gente, e irem até Santos pedir proteção ao seu correspondente o Sr. Teodoro Forjaz para empenhar-se na questão; fazerem lamúrias ao Sr. visconde de Itaboraí, que chegou a dar a entender que se interessaria com o Sr. senador Joaquim Francisco Viana para dar o parecer sobre a questão a favor de Vms., abaixarem-se enfim a todos quantos os podiam proteger nessa imoralidade, e ao final ficarem, quem sabe... gozando do crédito que merecem.

Basta por hoje. Temos papéis, temos documentos, e temos mesmo quem presencialmente saiba de tudo.

Neguem, se são capazes, e nós os acompanharemos na tarefa que hoje encetamos.

José de Bittencourt Amarante

Antonio Candido de Mello e Souza nasceu no Rio de Janeiro, em 1918. Crítico literário, sociólogo, professor, mas sobretudo um intérprete do Brasil, foi um dos mais importantes intelectuais brasileiros. Candido partilhava com Gilberto Freyre, Caio Prado Jr., Celso Furtado e Sérgio Buarque de Holanda uma largueza de escopo que o pensamento social do país jamais voltaria a igualar, aliando anseio por justiça social, densidade teórica e qualidade estética. Com eles também tinha em comum o gosto pela forma do ensaio, incorporando o legado modernista numa escrita a um só tempo refinada e cristalina. É autor de clássicos como *Formação da literatura brasileira* (1959), *Literatura e sociedade* (1965) e *O discurso e a cidade* (1993), entre diversos outros livros. Morreu em 2017, em São Paulo.

© Ana Luisa Escorel, 2023

Todos os direitos desta edição reservados à Todavia.

Grafia atualizada segundo o Acordo Ortográfico da Língua Portuguesa de 1990, que entrou em vigor no Brasil em 2009.

Este volume tomou como base a segunda edição de *Um funcionário da monarquia: Ensaio sobre o segundo escalão* (Rio de Janeiro: Ouro sobre Azul, 2007), elaborada a partir da última versão revista por Antonio Candido. Em casos específicos, e a pedido dos representantes do autor, a Todavia também seguiu os critérios de estilo da referida edição. O texto de orelha, redigido originalmente pelo próprio Antonio Candido, foi mantido.

capa
Oga Mendonça
composição
Maria Lúcia Braga e Fernando Braga,
sob a supervisão da Ouro sobre Azul
preparação e revisão
Huendel Viana
Jane Pessoa

Dados Internacionais de Catalogação na Publicação (CIP)

Candido, Antonio (1918-2017)
Um funcionário da monarquia : ensaio sobre o segundo escalão / Antonio Candido. — 1. ed. — São Paulo : Todavia, 2023.

Ano da primeira edição: 1985
ISBN 978-65-5692-489-2

1. Brasil — história. 2. Rio de Janeiro — história.
I. Título.

CDD 981.53

Índice para catálogo sistemático:
1. História do Rio de Janeiro (Brasil) 981.53

Bruna Heller — Bibliotecária — CRB 10/2348

todavia
Rua Luís Anhaia, 44
05433.020 São Paulo SP
T. 55 11. 3094 0500
www.todavialivros.com.br

Acesse e leia textos encomendados especialmente
para a Coleção Antonio Candido na Todavia.

www.todavialivros.com.br/antoniocandido

fonte Register*
papel Pólen natural 80 g/m²
impressão Geográfica